W0095043

Ute Hennig | Mark Winter

Inklusion umsetzen

Die Autoren

Ute Hennig   ist Sonderpädagogin und wurde in den Förderschwerpunkten „Geistige Entwicklung" und „Sozial-Emotionale Entwicklung" in Hamburg ausgebildet. Seit über 25 Jahren unterrichtet sie in inklusiven Settings. Sie arbeitete an Berliner und Hamburger Grund- und Sonderschulen, der deutschen Auslandsschule in Washington, D.C. und einer amerikanischen Privatschule. Tätig ist sie außerdem in der inklusiven Schulentwicklung und im Schulmanagement.

Mark Winter   ist Grundschullehrer und zur Zeit Klassenlehrer einer jahrgangsübergreifenden Klasse an der inklusiven Kettelerschule in Bonn, Moderator von Inklusionsgruppen und dem Kinderparlament. Er entwickelt Konzepte für inklusive Unterrichtsarrangements und -materialien und ist tätig in inklusiver Schulentwicklung und Fortbildung.

Seit 2010 arbeiten Ute Hennig und Mark Winter an der Bonner Kettelerschule als Team zusammen. Die Kettelerschule wurde 2013 mit dem Jakob Muth-Preis für inklusive Schule ausgezeichnet, die inklusive Bildung beispielhaft umsetzt.

99 Tipps.
für die Grundschule

Ute Hennig | Mark Winter

Inklusion umsetzen

Cornelsen

Projektleitung: Dorothee Weylandt, Berlin
Redaktion: Karolin Gerhardi, Köln
Illustration: S. 26: Kristina Klotz, München (Mülltonne); Liliane Oser, Hamburg (Nase, Hand, Ohr, Mund mit Zeige-
finger, Haus, Schatzkiste, Uhr), S. 36: Dorina Tessmann, Berlin, S. 77, 78: Liliane Oser, Hamburg
Fotos: S. 56, 99, 117: Ute Hennig, Mark Winter, Bonn, S. 78: © Cornelsen Verlag, Berlin/Illustration: Peter Pfeiffer,
Berlin/Grafik: Klein & Holm Grafikdesign, Berlin (Buchcover „Klick", oben); Ute Hennig, Mark Winter, Bonn (Kisten);
© Cornelsen Verlag, Berlin/Illustration: Christian Nusch/Grafik: Klein & Holm Grafikdesign, Berlin (Buchcover
„Klick", unten), S. 79: Fotolia/© by-studio
Umschlagkonzept: Jule Kienecker, Berlin
Umschlaggestaltung: LemmeDESIGN, Berlin
Layout/technische Umsetzung: Kösel Media, info@koeselmedia.de
Die Reihenkonzeption wurde von Cornelia Colditz und Claudia Kahlenberg im Rahmen eines studentischen
Wettbewerbs im Studiengang Verlagsherstellung an der HTWK Leipzig (www.verlagsherstellung.de) unter Leitung
von Julia Walch, Bad Soden, entwickelt.

www.cornelsen.de

1. Auflage 2017

© 2017 Cornelsen Verlag GmbH, Berlin. Alle Rechte vorbehalten.

Das Werk und seine Teile sind urheberrechtlich geschützt.
Jede Nutzung in anderen als den gesetzlich zugelassenen Fällen bedarf der vorherigen schriftlichen Einwilligung
des Verlages. Hinweis zu den §§ 46, 52 a UrhG: Weder das Werk noch seine Teile dürfen ohne eine solche Einwilligung
eingescannt und in ein Netzwerk eingestellt werden.
Dies gilt auch für Intranets von Schulen und sonstigen Bildungseinrichtungen.

Druck: AZ Druck und Datentechnik GmbH, Kempten

ISBN 978-3-589-15205-6

PEFC zertifiziert
Dieses Produkt stammt aus nachhaltig
bewirtschafteten Wäldern und kontrollierten
Quellen.

PEFC
PEFC/04-31-2260

www.pefc.de

Für das großartige Team der Kettelerschule

Erfolgreich zu sein setzt zwei Dinge voraus:
Klare Ziele und den brennenden Wunsch, sie zu erreichen.
Johann Wolfgang von Goethe

INHALTSVERZEICHNIS

Entwicklungshilfe für Inklusion

Unterstützungssysteme aufbauen

Herausforderungen meistern

INKLUSIVE UNTERRICHSPRAXIS

LEISTUNG BEWERTEN

STÜTZEN IM ALLTAG

Inklusion? Können wir das? Schaffen wir das überhaupt? Und wollen wir das wirklich?

Wie oft diskutierten wir in unserem Team über eine vorbildliche oder eigene innere Haltung, während wir uns auf den Weg zu einer „neuen Schule" machten? Wie viele Meinungen fanden wir über den „richtigen" Umgang mit Heterogenität, Vielfalt, Unterschiedlichkeit, Behinderungen – wie viele schließlich über Werte im Allgemeinen? Wie lange brauchten wir, bis wir eine gemeinsame innere Einstellung zum Umgang mit einer bunt gemischten Gemeinschaft mit großen Herausforderungen entwickelten? Wie lange suchten wir nach Lösungen im Alltag für Problemstellungen, in deren Herangehensweise wir uns unsicher fühlten? Wie viele, auch strittige Worte sprachen wir über Chancen und Risiken, über Möglichkeiten, Gewinne und Verluste? Wie oft drehten wir die Worte „Stärken und Schwächen" hin und her, bezogen auf die Kinder und dann vor allem fokussiert auf unser Team? Wie groß war unsere Unsicherheit bezogen auf unsere eigenen Möglichkeiten? Wie viele Expertisen versuchten wir zu erlangen, um sicher zu werden auf Gebieten mit erheblichen Flächen Neulands? Wie oft zweifelten wir auch über eigene Antworten in Bezug auf Bedürfnisse einzelner Kinder? Wie groß war manches Mal unsere Zerrissenheit zwischen individuellen Zielformulierungen und Leistungsanspruch im Rahmen der Landesvorgabe? Wie oft setzten wir uns mit Widersachern auseinander, verzweifelten wir an Unbeweglichen oder wurden wir wütend über Inklusionsgegner, die es einfach nicht einmal versuchen wollten? Wie deutlich wuchsen wir daran, wie viel klarer wurde nach und nach unsere eigene Haltung? Wie oft staunten wir über die Leichtigkeit der Kinder selbst im Umgang miteinander? ... Die Liste der Fragen ließe sich noch viel weiter fortsetzen.

Steinige Gedanken begleiteten uns bei der Besteigung des „Mount Inklusion". Sie alle waren wichtig und berechtigt. Jeder einzelne Beteiligte auf unserem Schulweg zur Inklusion musste seinen individuellen Standort bestimmen und konnte dies mittels Austausch erreichen. Auch die Gemeinschaft der Mitarbeiter und vor allem die Schulgemeinde mit Eltern und Kindern, Sekretärin und Hausmeister brauchte eine gemeinsam formulierte Haltung als gesundes Fundament für die Schulentwicklung hin zur inklusiven Schule. So hoch war der Berg im Rückblick gesehen übrigens nicht: Unsere Hilfen waren manchmal Kleinigkeiten – zu Beginn einfach zahlreiche und mutige Versuche freundlicher Begegnungen und die Nutzung der winzigsten Mittelchen. Die eigene Haltung stellte sich immer mehr als echte Ressource heraus, die Suche nach ihr war Gold wert! Manche Wege stellten sich als Irrwege heraus, viele waren erfolgreich.

Auf die Frage nach der eigenen Haltung als Ressource möchte ich gern ein wenig näher eingehen: Als wir uns mit Inklusion und vielen einleitend genannten Fragestellungen ganz intensiv beschäftigten, wussten wir bereits, dass wir uns bewegen wollten. Wir wollten unbedingt Kindern eine wohnortnahe Beschulung ermöglichen, die ihnen gerecht werden sollte. Wir waren gegen Ausgrenzung und für eine bunte, lebhafte, ja, humane Gemeinschaft, die alle anerkannte und einbezog. Unsere Haltung war die wichtigste Ressource überhaupt, sie war unser Antrieb! Sie brachte uns dazu, Lösungen für Probleme zu erfinden, die wir bislang nicht kannten, und neue Möglichkeiten zu schaffen. Wir formulierten sicherlich auch früh unsere Haltung, aber unsere tagtägliche Praxis, die schon von dieser Haltung bestimmt wurde, selbstbewusst auch nach außen hin als „Inklusion" zu bezeichnen – das trauten wir uns noch nicht. Die lange und intensive, ehrliche Auseinandersetzung mit den Fragestellungen, miteinander und mit anderen hat uns geformt und mutig gemacht, uns deutlich zu äußern: Wir wollen Inklusion!
Den langen Weg sind wir also miteinander gegangen, gegen Widerstände, teils mit nächtelanger Vorbereitungsarbeit und auf unsere Kosten. Gewonnen haben wir schon zu einem frühen Zeitpunkt ein sich in seiner Qualität wunderbar steigerndes Arbeitsklima in unserem Team, eine große Selbstzufriedenheit bei Erfolgen und den Mut, weiterzugehen, wenn wir Unterstüt-

zung erhielten oder uns selbst gegenseitig unterstützten. Gewonnen haben wir glückliche Kinderaugen, Überzeugungen und ein positives Selbstverständnis, das unsere oftmals auch anstrengende Arbeit wertvoll erscheinen lässt. Es ist wichtiger geworden, im Team zu arbeiten, bereichernder, unablässig. Unsere Arbeit ist wertvoller geworden!

Zwei unserer Experten, Ute Hennig und Mark Winter, gehen einen dankenswerten weiteren Schritt: Sie geben unsere Gewinne in puncto Wissen weiter und veröffentlichen hiermit 99 überaus wertvolle Hilfen für eine gelingende Herangehensweise an gelebte Vielfalt im Schulalltag. Dieses Wissen wurde über Jahre zusammengetragen und hat sich bewährt. Ich bin froh und fast ein wenig erleichtert, dass unsere Arbeit dadurch anderen zugutekommt und über die eigene Schulgemeinde hinaus helfen kann.

Für den Einzelnen kann das Durchstöbern der Tipps in wahlloser Reihenfolge weiterhelfen, indem er die praktischen Anregungen in seiner Klasse und mit seinem Team einfach mal erprobt. Aber auch einer Schulgemeinde können, insbesondere organisatorisch und in Bezug auf die Arbeit im Team, sicher viele der Tipps nochmal neue Impulse geben und Schwung verleihen. Manches Mal kann ein kleiner Gedanke Großes bewirken!

Eines ist mir noch wichtig: Uns hat sehr unterstützt, immer wieder zu schauen, was wir schon können und was wir richtig gut machen. Der „Index für Inklusion" (Booth/Ainscow 2000/ Boban/Hinz 2003) hat uns geleitet. Für diese Sammlung aus Formulierungen können wir daher sehr dankbar sein.

Allerdings muss auch immer klar sein: Nicht alles kann auf einmal bewirkt und bewegt werden. Lassen Sie sich Zeit und gehen Sie Schritt für Schritt im eigenen Tempo. Dabei können diese 99 Tipps genauso hilfreich sein wie der Index, wenn Sie beherzigen, was uns für die Kinder wichtig ist: Jeder entwickelt sich im eigenen Tempo, unter Einbeziehung der eigenen Stärken, und erbringt die für ihn bestmöglichen Leistungen.

Ich wünsche Ihnen viel Freude beim Lesen und bei der inklusiven Arbeit, großen Erfolg bei der Umsetzung und ein klimatisch positives Miteinander! Es wird sich in jeder Hinsicht lohnen!

Christina Lang-Winter

(Schulleiterin an der Gemeinschaftsgrundschule Kettelerschule in Bonn seit 2006)

September 2016

PS: Aus Gründen der besseren Lesbarkeit wird in diesem Buch durchgehend die männliche grammatische Form verwendet. Natürlich sind damit auch immer Frauen und Mädchen gemeint, also Lehrerinnen, Erzieherinnen, Schülerinnen usw.

10 Top-Tipps … Die Lieblingstipps der Autoren

2 Den Index für Inklusion als Orientierungshilfe nutzen

Schule statt Klasse denken **9**

20 Sonderpädagogische Expertise austauschen

Förderkonferenzen durchführen **44**

65 Ein positives Klassenklima schaffen

Den Unterricht öffnen **69**

74 Lernplakate erstellen

Lerngespräche führen **84**

89 Lernordner anlegen

Chancen der SEP nutzen **99**

1 POTENZIALE DER SCHULE NUTZEN

Inklusion ist eine pädagogische Chance, aber auch eine Herausforderung – für jeden Pädagogen und für die gesamte Schule als System. Der hohe Anspruch besteht darin, jedes Kind mit seinen Stärken und Schwächen zu fördern und zu fordern sowie seine soziale Teilhabe im Schulleben zu ermöglichen (Tipp 63). Er bedeutet auch ein klares Ja zur Heterogenität und ein ebenso klares Nein zu Ausgrenzung. Diesen Anspruch kann man nur Schritt für Schritt im Rahmen eines inklusiven Schulentwicklungsprozesses verwirklichen.

> Tipp 63

In der schrittweisen Annäherung an diese Vision von schulischer Inklusion ist es wichtig, die Möglichkeiten der eigenen Schule zu erkennen und auch bisher nicht genutzte Ressourcen sichtbar und verfügbar zu machen. Jede Schule hat ein inklusives Potenzial und auch inklusiv wirksame Praktiken, mit denen der bereits bestehenden Heterogenität in der Schülerschaft begegnet wird. Will man die eigene Schule inklusiv entwickeln, heißt es zunächst, einen Blick auf vorhandene Strukturen und Prozesse zu richten, um einen konstruktiven und produktiven Wandel zu gestalten. Dazu gibt es hilfreiche Instrumente, wie z. B. den Index für Inklusion (Tipp 2) oder die Fortbildungsmodule der Landesinstitute für Schulen auf dem Weg zur Inklusion.

Ressourcen sichtbar machen

> Tipp 2

Achtung!

Darüber müssen Sie sich klar sein: Eine inklusive Schulentwicklung voranzutreiben bedeutet, sich an den Widersprüchen, in denen Schule agiert, zu reiben. Die selektiven Strukturen und Prozesse unseres Schulsystems kann eine einzelne Schule nicht allein überwinden. Oft arbeiten Sie somit am oder im Widerspruch (vgl. Werning 2010).
Inklusion in Erziehung und Bildung ist gleichzeitig Vision und Prozess.

Inklusion in Bildung und Erziehung bedeutet ...

- die gleiche Wertschätzung aller SchülerInnen und MitarbeiterInnen, die Steigerung der Teilhabe aller SchülerInnen am (und der Abbau ihres Ausschlusses von) Kultur, Unterrichtsgegenständen und Gemeinschaft ihrer Schule,
- die Weiterentwicklung der Kulturen, Strukuren und Praktiken in Schulen, so dass sie besser auf die Vielfalt der SchülerInnen ihres Umfelds eingehen,
- den Abbau von Barrieren für Lernen und Teilhabe aller SchülerInnen, nicht nur solcher mit Beeinträchtigungen oder solcher, denen besonderer Förderbedarf zugesprochen wird,
- die Anregung durch Projekte, die Barrieren für Zugang und Teilhabe bestimmter SchülerInnen überwinden und mit denen Veränderungen zum Wohl vieler SchülerInnen bewirkt werden konnten,
- die Sichtweise, dass Unterschiede zwischen den SchülerInnen Chancen für das gemeinsame Lernen sind und nicht Probleme, die es zu überwinden gilt,
- die Anerkennung, dass alle SchülerInnen ein Recht auf wohnortnahe Bildung und Erziehung haben,
- die Verbesserung von Schulen nicht nur für die SchülerInnen, sondern auch für alle anderen Beteiligten,
- die Betonung der Bedeutung von Schulen dafür, Gemeinschaften aufzubauen, Werte zu entwickeln und Leistungen zu steigern,
- den Auf- und Ausbau nachhaltiger Beziehungen zwischen Schulen und Gemeinden,
- den Anspruch, dass Inklusion in Erziehung und Bildung ein Aspekt von Inklusion in der Gesellschaft ist.

Aus: Boban/Hinz 2003, Seite 10

Der Index für Inklusion (Booth/Ainscow 2000, deutschsprachige Überarbeitung von Boban/Hinz 2003) stellt mit seiner ausgearbeiteten Materialsammlung ein einfaches und hilfreiches Instrument zur inklusiven Schulentwicklung dar: Lernen und Teilhabe in der Schule der Vielfalt zu entwickeln. Der Index bietet eine Systematik für Schulen an, um erste verkraftbare und realistische Entwicklungsschritte zu gehen. Anstatt sich auf das Kind mit Beeinträchtigungen zu fokussieren, beschäftigt sich die Schulgemeinschaft stets mit verschiedenen Themen unter der Fragestellung: Was braucht die Schule, um die Teilhabe von allen zu gewährleisten?

Im Vordergrund stehen die Weiterentwicklung der eigenen Schulkultur, der Schulstrukturen und -praktiken (Tipp 6). Der Index stellt Schlüsselkonzepte, einen Fundus an Themenstellungen und vorbereitete Fragenkataloge sowie gute Planungs- und Arbeitshilfen für die Prozesssteuerung zur Verfügung. Er ist gleichzeitig Impulsgeber und Reflexionsinstrument für die Schulentwicklung (Tipp 10).

> **Tipp 6**

Schulentwicklungsinstrument

> **Tipp 10**

Der Indexprozess und der Planungskreislauf der Schulentwicklung

Aus: Boban/Hinz 2003, S. 19

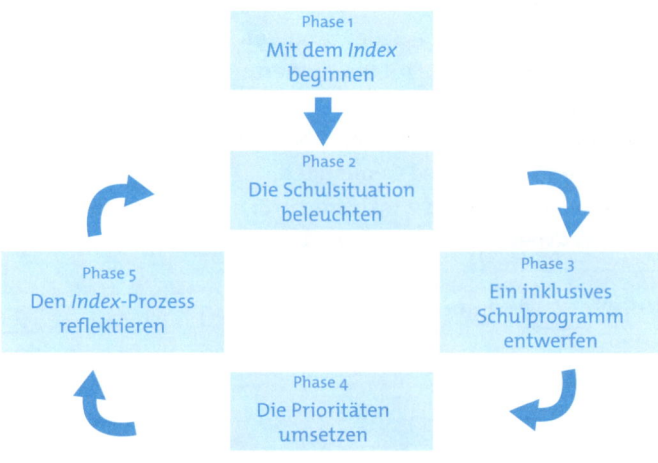

Phase 1
Mit dem *Index* beginnen

Phase 2
Die Schulsituation beleuchten

Phase 3
Ein inklusives Schulprogramm entwerfen

Phase 4
Die Prioritäten umsetzen

Phase 5
Den *Index*-Prozess reflektieren

SOS-Tipp

Es empfiehlt sich, für einen anspruchsvollen schulischen Veränderungsprozess einen qualifizierten Prozessbegleiter zur Unterstützung zu gewinnen. Dieser Berater kann werte-, prozess- und systemorientierte Veränderungen im inklusiven Entwicklungsprozess in den Blick nehmen, Impulse geben und zur Seite stehen. Die Montag Stiftung Jugend und Gesellschaft hat eine Qualifizierung für Begleiter von Schulentwicklungsprozessen entwickelt, bei der die Umsetzung inklusiver Werte in der Praxis im Vordergrund steht (siehe dazu: Montag Stiftung Jugend und Gesellschaft Bonn 2015). Grundlage aller bisher entwickelten Module dieser Qualifizierung sind die kontinuierliche Reflexion der eigenen Haltung (Tipp 8) und des eigenen Handelns sowie die variantenreiche Anwendung des Index für Inklusion.

> Tipp 8

3 EINEN INKLUSIONSBEAUFTRAGTEN WÄHLEN

Eine inklusive Schulentwicklung muss geplant, gesteuert und koordiniert werden. Eine Beauftragung „Inklusion" ist notwendig und wichtig. Wählen Sie in Ihrem Kollegium also einen Pädagogen, der bereit und in der Lage ist, diesen Prozess angemessen zu betreuen. Dieser Inklusionsbeauftragte ist verantwortlich für die zeitliche Koordinierung, die Planung der einzelnen Sitzungen sowie die Dokumentation und Abstimmung mit allen Beteiligten. Es hat sich zudem bewährt, auch die Vor- und Nachbereitung des Kinderparlamentes (Tipp 34) zum Verantwortungsbereich des Inklusionsbeauftragten zu zählen.

> Tipp 34

4 EINE INKLUSIONSGRUPPE BILDEN

Kindern Mitspracherecht
einräumen

> Tipp 28

> Tipp 5

> Tipp 3

> Tipp 2

Was – macht wer – wie –
bis wann?

> Tipp 26

Die Inklusionsgruppe ist das demokratisch gewählte Steuerungsgremium und damit der Motor für die Schulentwicklung im Sinne der Inklusion. Sie setzt sich aus den Beteiligten aller verschiedenen Gruppen der Schulgemeinde zusammen. Dazu gehören Kinder, Erzieher, Lehrer, Eltern, Schulleitung (Tipp 28), OGS-Koordinatoren und Vertreter anderer Berufsgruppen, wie Sozialpädagogen, Hausmeister etc. Ein kritischer Freund (Tipp 5), der zur Unterstützung der Gruppe eingeladen wird, kann eine bereichernde Perspektive von außen und Expertise beisteuern.

In der Inklusionsgruppe übernehmen alle Beteiligten aktiv Verantwortung. Der Inklusionsbeauftragte (Tipp 3) strukturiert die Sitzungen der Gruppe. Anhand einer offenen Fragestellung aus dem Index für Inklusion (Tipp 2) kann zunächst jeder seine Wünsche und Erfahrungen aus der Schule einbringen. Im Dialog werden anschließend Zielvorstellungen konkretisiert und Ideen entwickelt. Daraus entstehen Arbeitsaufträge und es werden Verantwortlichkeiten bestimmt. In dieser Planungsphase geht es darum zu klären: Was – macht wer – wie – bis wann? Manches Anliegen kann auch an verschiedene Schulgremien oder Verantwortliche herangetragen werden. Die Mitglieder der Inklusionsgruppe agieren in „ihren" jeweiligen anderen Gremien (Kinderparlament, Erzieherdienstbesprechung, Lehrerkonferenz oder Schulpflegschaft) als Multiplikatoren, indem sie informieren, Unterstützungen anfragen und die Schulgemeinde aktiv einbeziehen.

Durch die Verwirklichung von schrittweisen Zielvorgaben gewinnt der normale Schulalltag Stück für Stück an Qualität. Konkrete Fortschritte in der inklusiven Schulentwicklung werden gemeinsam aktiv gestaltet, erlebt, wahrgenommen und als Erfolge verbucht: „Das haben wir gemeinsam erreicht!" (Tipp 26).

Gleich mal ausprobieren

Die Arbeit der Inklusionsgruppe können Sie wie folgt organisieren:

- Die Inklusionsgruppe trifft sich drei- bis viermal im Schuljahr. Termine werden zu Beginn des Schuljahres festgelegt.
- Die Schulleitung und die OGS-Koordinatoren sind feste Mitglieder. Die anderen Vertreter werden für zwei Jahre gewählt. Lehrerkollegium, Kinderparlament und Schulpflegschaft wählen jeweils ihre Vertreter. Bestimmen Sie jedes Jahr nur einen neuen Vertreter aus der eigenen Mitte, damit stets ein erfahrenes Mitglied in der Inklusionsgruppe bleibt.
- Halten Sie Vereinbarungen in einer Satzung fest. Darin verständigt man sich auf demokratische Vorgehensweisen sowie das Wahlprozedere. Damit ist die nötige Transparenz sichergestellt.
  - § Zweck
  - § Die Zusammensetzung der Inklusionsgruppe
  - § Organisatorischer Rahmen
  - § Beschlussfähigkeit
  - § Inklusionssitzungen
  - § Ausschluss
- Für ein Treffen der Inklusionsgruppe sollten Sie circa drei Stunden mit mindestens einer Pause einplanen sowie Essen und Getränke vorbereiten.
- Veröffentlichen Sie die Arbeitsergebnisse der Sitzung unmittelbar nach der Sitzung auf der Homepage der Schule.
- Stellen Sie neu gewählten Mitgliedern der Inklusionsgruppe den Index für Inklusion (Tipp 2) zur Verfügung.

❯ Tipp 2

Inklusive Arbeitsgemeinschaften und Verantwortlichkeiten

Anonymisierter Auszug aus der Übersicht der Inklusiven Arbeitsgemeinschaften und Verantwortlichkeiten, Kettelerschule, Bonn 2016

AGs	Wer?	Bemerkungen
Sauberkeit und Ordnung „Toilettensituation und Frühjahrs-putz"	Sozialpädagoge X/ Lehrer A/ Mutter Y	Die verlässliche Erledigung von Diensten (Toilettensheriff und Hofdienst) wird in den Klassenräten und im Kinderparlament (KiPa) bei Bedarf thematisiert. Die Aufsichten kontrollieren regelmäßig. Die Schulleitung informiert mit dem aktuellen Vertretungsplan immer über aktuelle Termine und schließt die Dienste mit ein. Im KiPa wird über die Möglichkeit beraten, für Klassen feste Toiletten einzurichten und diese entsprechend zu bebildern. Außerdem wird über die Einführung strenger Toilettenregeln mit strengen Konsequenzen gesprochen. Feste Putztermine werden durch die Schul-leitung im Jahresplan verankert. Mutter Y stellt diese Regelung und den Bedarf nach Putzzeug in der Schulpflegschaft vor.
Spielzeug-bestellung	Lehrer B/Kind 1/ Kind 2/Kind 3/ OGS-Leitung	Die Kinder werden an der Spielzeugbestel-lung beteiligt. Im Kinderparlament soll ein Austausch über die Bestellungen, gutes Spielzeug, Fehlbestel-lungen u. Ä. regelmäßig stattfinden. Der OGS-Leitung ist es gelungen, eine Spende zu organisieren. Das Spielzeug wurde gezielt von der OGS-Leitung nachbestellt.
Mehrsprachige Beschriftungen der Räume	Schulleitung/ Lehrer A/ Hausmeister	Die Versionen in deutscher, englischer und französischer Sprache sind fertig. Die Schulleitung schickt die Daten an den Hausmeister, der sich für die Zusammenstel-lung der vorhandenen Daten/Formatierung bereit erklärt. Lehrer A erstellt eine Vorlage für die orangefarbenen Türschilder. Eine arabische Übersetzung wird bei Frau K aus dem OGS-Team angefragt.
Zusammenarbeit Schule und Elternpflegschaft	Schulpflegschaft/ Vater H	Die Elternpatenschaften sollen bei der nächsten Schulpflegschaftssitzung vorgestellt werden. Eine Fotowand der Klassenpflegschaft wird angedacht. Vater H kümmert sich um die Informations-weitergabe in der Schulpflegschaft.

AGs	Wer?	Bemerkungen
Informationen über AGs	OGS-Leitung/ Erzieher	Die Erzieher informieren verantwortlich in den Klassen über die angebotenen AGs. Um mehr Transparenz herzustellen, präsentieren sich die AGs mit einer Abschlussaktivität (AG-Fest).
Schulgarten	Lehrer B/Erzieher T	Umwandlung in einen Ziergarten wird angestrebt. Die Klassen werden in Projekten aktiv (Wegweiser, Fußspuren sind ange-dacht). Über das KiPa wird der Schulgarten als Projektort beworben. Buddelsamstage werden weiterhin durchgeführt.
Elternbefragung	Schulleitung/ Mutter Y	Ein Elternfragebogen wird erstellt und die Befragung durchgeführt. Arbeitsgrundlage bildet der alte Fragebogen.
Schulassistenz in die Inklusions-gruppe	Schulleitung	In einem Treffen nach den Herbstferien von Schulleitung und SchulassistentInnen wird über eine Teilnahme an der Inklusionsgruppe beraten.

Wer möchte gerne mitarbeiten? Bitte zum Thema eintragen!

Wie werden nun im Rahmen der Inklusionssitzungen die Themen bestimmt, die behandelt werden sollen?

Mithilfe des Index für Inklusion (Tipp 2) und der enthaltenen Fragestellungen lassen sich die wichtigsten nächsten Schritte für den inklusiven Schulentwicklungsprozess finden, einleiten und umsetzen. Fragen aus dem Index können auf verschiedene Arten ausgewählt werden:

Themenfindung

❯ Tipp 2

- Die Aktualität eines Themas kann eine Herangehensweise sein.
- Ebenso bewährt hat sich eine Themenfindungsphase in der Inklusionsgruppe: Alle Fragen werden dort zunächst ausgehängt und können anschließend in einer ersten Runde von den Mitgliedern der Inklusionsgruppe mit farbigen Punkten versehen werden. Ausgewählte Themen gelangen so in die zweite Runde, in der per Mehrheitsbeschluss entschieden wird, welches Thema am wichtigsten erscheint.

- Als zufällige Methode kann durchaus auch die „Zeigefinger-Stopp-Methode" verwendet werden: Während eine Person den Index durchblättert, stoppt eine andere Person mit dem Zeigefinger das Blättern und zeigt auf eine Seite. Das erscheint zunächst abstrus, aber der Index wird sehr unabhängig von der ausgewählten Frage die aktuellen Baustellen der Schule aufzeigen.

5 EINEN KRITISCHEN FREUND SUCHEN

Der „kritische Freund" fungiert als ein Ratgeber von außen. Er genießt das Vertrauen der Schule und hat die Aufgabe, aus seiner persönlichen oder professionellen Perspektive heraus
> Tipp 4 die Inklusionsgruppe (Tipp 4) interessensfrei zu beraten und sie durch seine Erfahrungen und spezifischen Kompetenzen zu unterstützen. „Wünschenswert sind Engagement in Schulfragen, Unvoreingenommenheit, die Fähigkeit zwischen Beobachtung und Wertung unterscheiden zu können sowie die Fähigkeit, konstruktiv-kritische Rückmeldungen bei wohlwollender Grundhaltung geben zu können" (Landesinstitut für Schulentwicklung 2013).

6 EINE EVALUATIONSKULTUR ENTWICKELN

Eine gute Möglichkeit, alle Gruppen einer Schulgemeinde am Entwicklungsprozess der Schule teilhaben zu lassen, bieten regelmäßige Befragungen. Sie tragen zur Verbesserung
> Tipp 10 der Schulkultur bei (Tipp 10). Es kann z. B. um Fragen gehen wie: Mit welchen Bereichen der Schule sind die Eltern zufrieden oder unzufrieden? oder: Wie schätzen die Mitarbeiter
> Tipp 14 der Schule die kollegiale Zusammenarbeit ein (Tipp 14)? oder: Fühlen sich die Schüler in ihrer Schule wohl?
Durch die regelmäßige Evaluierung bestimmter Thematiken können Barrieren der Teilhabe abgebaut werden. Das Feed-

back gibt zudem Aufschluss über mögliche Ressourcen zur Unterstützung und Verbesserung. Fertig ausgearbeitete Fragenkataloge zu vielen relevanten Schulthemen gibt es bereits, beispielsweise bei IQES-online[1] oder im Index für Inklusion (Tipp 2). Diese können Sie einfach für Ihre Schule modifizieren und nutzen.

❯ Tipp 2

Gleich mal ausprobieren

- Befragen Sie im Drei-Jahres-Wechsel jeweils eine andere Gruppe (Schüler, Eltern, Lehrer/Erzieher) zu einer aktuellen Thematik. So erfährt jede Gruppe regelmäßige Wertschätzung.
- Lassen Sie Eltern-Fragebögen in verschiedene Sprachen übersetzen. Dafür bedarf es nur ein oder zwei kompetenter Personen. Diese Mühe wird von Nicht-Muttersprachlern sehr geschätzt.
- Nehmen Sie die Präsentation der Ergebnisse in jedem Schuljahr als festen Themenbaustein in den Sitzungen der Inklusionsgruppe auf. Sie bietet Grundlagen für die Bildung neuer Arbeitsgruppen und Verantwortlichkeiten (Tipp 4).

❯ Tipp 4

GOLDENE REGELN FÜR ALLE VEREINBAREN

7

Regeln, die gemeinsam vereinbart werden, bieten Kindern, Pädagogen und Eltern Sicherheit und Halt. Die Regeln sollten nicht einengen, sondern positives Verhalten unterstützen. Zehn kurze, prägnante Schulregeln (Tipp 97), mit eingängigen Logos veranschaulicht und durch einfache Handzeichen in Erinnerung gerufen, schaffen Verständigung und Verbindlichkeit. Die Regeln sollten positiv und verständlich formuliert sein.

❯ Tipp 97

---

1 https://www.iqesonline.net/index.cfm

Die Goldenen Regeln

Kettelerschule, Bonn 2011

 Ich bin respektvoll und freundlich zu Erwachsenen und Mitschülern.

 Ich achte auf mein eigenes Verhalten.

 Ich löse Konflikte ruhig und mit friedlichen Worten.

 Ich höre auf das, was die Erwachsenen unserer Schule sagen.

 Ich halte mich an die Gesprächsregeln.

 Ich arbeite leise.

 Ich bin in den Gebäuden leise.

 Ich achte auf eigenes und fremdes Eigentum.

 Ich bin pünktlich.

 Ich halte die Schule sauber.

8 AUF DIE HALTUNG KOMMT ES AN!

Eine professionelle pädagogische Haltung ist maßgeblich für die Wahrnehmung von pädagogischen Situationen, Zielen und Konzepten. Aus dieser Haltung leitet sich das konkrete

Handeln ab. Was bedeutet das für eine inklusive Schule? Ein förderlicher Rahmen für Inklusion ist eine Haltung, die Vielfalt als Bereicherung für alle Kinder in der Gruppe und für ihr Lernen ansieht. Eine solche Betrachtungsweise erkennt das Recht jedes Schülers auf Teilhabe an (Tipp 14). Die verschiedenen Entwicklungsverläufe, Erfahrungen, Nationalitäten, Interessen, Fähigkeiten, Sprachen und kulturellen Hintergründe, die Kinder mit zur Schule bringen, sind willkommen.

Ewers (2014) fasst die Grundideen einer inklusiven Haltung wie folgt zusammen:

- Mit Fairness, Offenheit und Respekt begegnen wir jedem Einzelnen.
- Die Einzigartigkeit und Verschiedenheit der Kinder nehmen wir wahr und wertschätzen wir.
- Wir schauen auf die Potenziale der Kinder.
- Wir sind offen für Kooperation und Teamarbeit.

Vielfalt als Bereicherung für alle ansehen

❯ Tipp 14

SCHULE STATT KLASSE DENKEN

9

„Schule statt Klasse" denken bezieht sich sowohl auf die Prävention von Störungen und Konflikten als auch auf die Schulentwicklung.

Zum einen betrifft „Schule statt Klasse" also das Classroom-Management: Es geht darum, sich mit der gesamten Schulgemeinde, d. h. Kindern, Eltern, Pädagogen und Mitarbeitern aller Professionen, im Miteinander auf eine „gute Ordnung" abzustimmen. In vorhersehbarer Weise werden verbindliche Regeln und Konsequenzen (Tipp 7, 97, 98) eingehalten sowie klassenübergreifende Rituale, Abläufe und Routinen im rhythmisierten Schulalltag praktiziert (Tipp 95, 96). Im Kontext von Lernen und Freizeit ist die Konfliktregulierung dabei transparent für alle geregelt (Tipp 50, 56, 58, 60).

Zum anderen bedeutet „Schule statt Klasse", schulische Projekte im Sinne einer gemeinsamen Schulentwicklung koordiniert und aufeinander abgestimmt voranzubringen (vgl.

Classroom-Management

❯ Tipp 7, 97, 98

❯ Tipp 95, 96

❯ Tipp 50, 56, 58, 60

Gemeinsame Schulentwicklung

Carle 2013). Niemand kann in einer inklusiven Schule sein eigenes Süppchen kochen – die Suppe wird gemeinsam gekocht, abgeschmeckt und dann auch gegessen! Der Weg zur inklusiven Schule erfordert ein arbeitsteiliges Vorgehen und

> Tipp 2   immer wieder Abstimmungsprozesse (Tipp 2).

Gemeinsam werden Planungen und Konzepte entwickelt und umgesetzt. Kooperation im Team zahlt sich aus

> Tipp 16   (Tipp 16), sei es bei der Beratung neuer Materialien, die angeschafft werden, beim selbst entwickelten Unterrichtsmaterial, das für alle zur Verfügung steht, oder bei klaren, für alle verbindlichen Kriterien zur Leistungsfeststellung und

> Tipp 15, 87   Beurteilung (Tipp 15, 87). Es kommt allen zugute, wenn das

> Tipp 11   Kollegium arbeitsteilig, aber zusammen arbeitet (Tipp 11). Jeder profitiert von der Vorarbeit und den Ideen der anderen. Gleichzeitig werden durch die gemeinsame Arbeit Schwächen minimiert sowie Stärken zum Wohle aller genutzt und ausgebaut. Nicht jeder muss das Rad neu erfinden!

DAS LEITBILD DER SCHULE ENTWERFEN

10

Ein schulisches Leitbild sorgt für Klarheit und Identifikation mit der eigenen Schule. Dieses Leitbild klärt in wenigen Sätzen präzise, prägnant, klar, positiv und in einfacher Sprache:
■ Was sind die Grundlagen unserer pädagogischen Arbeit?

> Tipp 1   (Tipp 1)
■ Was ist unser Grundverständnis von inklusivem Handeln?
■ Was bedeutet für uns Kooperation?

Darüber hinaus stellt das Leitbild den Orientierungsrahmen für eine regelmäßige Rückbesinnung im langen Schulentwicklungsprozess auf die übergeordneten gemeinsamen

> Tipp 6   Ziele dar (Tipp 6).

Die Tatsache, dass alle Lehrer ihre Schule unterschiedlich wahrnehmen, erfordert einen solchen zentralen Bezugspunkt für das gemeinsame pädagogische Handeln. Die Auseinandersetzung über das Verständnis von Inklusion bietet die Chance für eine vertiefte gegenseitige Wahrnehmung

und Wertschätzung. Der Dialog, der während dieser Profilbildung geführt wird, ist ein Klärungsprozess und wichtiger
Schritt in der inklusiven Schulentwicklung (Tipp 26, 27).

Profilbildung

❯ Tipp 26, 27

Ein Leitbild ...
- gibt der Vision Raum und stellt den Ausgangspunkt für die
  strategische Schulentwicklungsplanung dar,
- bietet Orientierung nach innen in Bezug auf das pädagogische Selbstverständnis und
- schafft Transparenz nach außen und ist das Aushänge-
  schild der Schule (Tipp 40).

❯ Tipp 40

Um die Ecke gedacht

V. Masuhr, Schulleiter der Waldschule Flensburg, hat die
Entwicklung zu einer inklusiven Schule treffend in einem
Interview (vgl. Deutschlandfunk, 17. 7. 2013) auf den Punkt
gebracht:

Frage: „... wenn ich Sie recht verstehe, hat auch die Schule
selber einigen Spielraum, ihre eigene Schule so zu gestalten, so zu organisieren, dass daraus eine wirklich gute
Schule wird?"

Masuhr: „Nur so funktioniert es. Es funktioniert: Die Kraft
kommt aus einem selbst. Man muss selbst die Ideen entwickeln, man muss selbst sagen, das und das will ich. Für
mich ist immer ganz wichtig, dass ich sagen kann, ich habe und ich will, anstatt ich brauche und ich muss. Oft er-
lebe ich in der Gesellschaft oder in den Gesprächen mit
Kollegen, dass gesagt wird, wenn ich das noch machen
soll, dann muss ich das und das haben, ich brauche das
und das. Und dann rutscht man in die Passivität. Es entsteht eine Versorgermentalität. Meine Erfahrung ist, dass
die Ressource in der Regel den Ideen folgt. Das heißt, erst
ist die Idee da und man kümmert sich um die Verwirklichung und die Ressource rutscht automatisch nach. Das
ist quasi wie ein Vakuum, das gefüllt wird. Aber dafür
braucht es auch eine ganze Menge Energie und Gemeinschaft, Teamarbeit, damit so was überhaupt entstehen
kann."

11

Die Entwicklung einer inklusiven Schule ist ein komplexer Prozess. Die beste Antwort auf diese Komplexität ist Teamarbeit in der Leitung und im Kollegium. Sinnvollerweise sollte das Schulleitungsteam multiprofessionell zusammengesetzt und die Aufgabenverteilung im Kollegium transparent und gerecht geregelt sein. Die Aufgaben müssen mit der Kompetenz verbunden sein, diese auch eigenverantwortlich wahrzunehmen (Tipp 12). Teamarbeit führt unvermeidlich zu flacheren Hierarchien. Letztendlich wird damit bewirkt, dass Verantwortung für Schulentwicklung sowie das Management der Schule gemeinsam übernommen und auf viele Schultern verteilt wird.

❯Tipp 12

Teamarbeit wirkt sich auf die Gesundheit der Mitarbeiter positiv aus (Tipp 13), indem sie fachliche sowie soziale Unterstützung bietet (vgl. DAK Report 2013). In der Teamarbeit können zum einen Zuständigkeiten klar geregelt, zum anderen kollegiale Beratung (Tipp 32) und eine Feedbackkultur verankert werden. Teamarbeit stärkt gerade auch in schwierigen Situationen den Zusammenhalt. Entscheidend für das Gelingen der Teamarbeit ist eine effektive Gestaltung der Teambesprechungen (Tipp 19).

❯Tipp 13

❯Tipp 32

❯Tipp 19

Achtung!

❯Tipp 28

Selbstverständlich muss die im Schulrecht hervorgehobene Stellung des Schulleiters Berücksichtigung finden (Tipp 28). Allerdings kann diese sich an den Aufgaben orientieren statt an institutioneller Hierarchie. Der Schulleitung fällt im besonderen Maße die Aufgabe zu, dem Kollegium Sicherheit zu geben, um die Herausforderungen an der Schule bewältigen zu können. Des Weiteren setzt sie sich gegenüber den übergeordneten Behörden (Schulverwaltung und -aufsicht) für bestmögliche Bedingungen an der Schule ein. Sie hat außerdem die Aufgabe und letztlich die Verantwortung dafür, Schulentwicklung und damit vorhandene Projekte zu koordinieren.

12

Die personelle Vielfalt im Team stellt ein großes Potenzial für die Entwicklung einer Schule dar. Im Rahmen inklusiver Schulentwicklung ist ein Perspektivenwechsel im Umgang mit den Kompetenzen aller dort tätigen Personen und ihrer Zusammenarbeit untereinander erforderlich. Es geht um die Verbindung von Herz und Verstand oder, anders ausgedrückt, um die Verknüpfung von Wertschätzung (Tipp 14) und Ressourcen (Tipp 16). Es gilt, den Blick auf die Stärken und Talente jedes Einzelnen zu richten. Dadurch werden Gemeinsamkeiten untereinander entdeckt und Unterschiede als Bereicherung wahrgenommen. Eine von Anerkennung geprägte Betrachtung von Vielfalt ist gewinnbringend für die Schule, denn die Ressourcen werden sichtbar gemacht und es entstehen Potenziale, die für die inklusive Arbeit genutzt werden können. Wertschätzungen und Begegnungen auf Augenhöhe basieren auf Grundlage der Professionalität und nicht der Professionen (Tipp 30).

Perspektivenwechsel

❯ Tipp 14
❯ Tipp 16

❯ Tipp 30

Achtung!

Respektvoller Umgang miteinander trotz unterschiedlicher Arbeitszeiten, Abschlüsse, Bezahlungen oder Anwesenheiten in der Klasse ist die Voraussetzung für eine gute Zusammenarbeit. Je klarer Sie die Aufgaben und Rollen untereinander klären, desto besser klappt die Kooperation.

13

Eine gute Schule braucht gesunde Pädagogen, die engagiert und motiviert mit den Schülern zusammenarbeiten. Das kann nur gelingen, wenn Inklusion und kollegiale Zusammenarbeit als entlastend erlebt werden. Um dies zu verwirklichen, sind folgende Grundsätze von Bedeutung:

- Es gibt ein gemeinsames Fundament von Überzeugungen

❯ Tipp 8, 10 und Werten (Tipp 8, 10).
- Es bestehen ein guter Zusammenhalt und gegenseitige
❯ Tipp 12, 14 Wertschätzung im Pädagogenteam (Tipp 12, 14).
- Es erfolgt eine tatkräftige Unterstützung seitens der
❯ Tipp 28 Schulleitung (Tipp 28).

Angesichts der von knappen finanziellen, räumlichen und personellen Ressourcen geprägten öffentlichen Diskussion über Inklusion und den persönlichen, auch an unserer Schule empfundenen Stress- und Überforderungssituationen erscheint die Forderung nach einer gesunden Schule nur schwer realisierbar oder sogar naiv und wirklichkeitsfremd. Dies soll an dieser Stelle nicht ignoriert werden. Umso wichtiger ist der Perspektivwechsel im Denken über Inklusion
❯ Tipp 26 (Tipp 26)!

Wenn Lehrer ihre Erfahrungen und individuellen Kompetenzen, auch ihre persönlichen Vorlieben, in die Schule einbringen können, werden sie gesund und zufriedener in der Schule arbeiten können, trotz der genannten Widersprüche und Belastungen.

Will man Gesundheit an der Schule fördern, müssen die Lehrer in die Lage versetzt werden, auf folgende Ressourcen zurückzugreifen (vgl. Erbring 2014):

Ressourcenorientiert handeln

- Selbstwirksamkeit erleben, d. h., eine positive Einstellung zum eigenen pädagogischen Tun haben,
- Engagement mitbringen,
- eigene Bedeutsamkeit erleben,
- distanzierungsfähig sein,
- Widersprüchlichkeit aushalten können,
- wohlwollende Selbstfürsorge praktizieren – auf sich achten, Grenzen kennen und positiv reflektieren,
❯ Tipp 16, 22 - kollegiale Unterstützung erleben (Tipp 16, 22).

Was für das Lernen der Schüler gilt, ist genauso auch für alle Pädagogen und anderen Mitarbeiter einer Schule von Bedeutung: Die Basis für die zwischenmenschliche Kommunikation bilden Anerkennung, Wertschätzung sowie das Finden und Geben von Zuwendung. Eine Kultur der Wertschätzung zu etablieren speist eine gewinnbringende (Arbeits-)Atmosphäre in der Schule und gibt Raum für den Dialog. Um gemeinsam etwas zu erreichen, braucht es diese Grundhaltung (Tipp 65).

❯ Tipp 65

Gute Kommunikation, die alle einbezieht und die auf Augenhöhe stattfindet, führt zu Lebendigkeit und Wohlbefinden in der Teamarbeit.

Achtung!

> Die Verschiedenheit der Menschen in der Schule anzuerkennen, bringt manchmal mit sich, sich auf Ungewohntes einzulassen sowie die unterschiedlichen Persönlichkeiten und Erziehungsstile zu akzeptieren.

Gleich mal ausprobieren

- Wir drücken Anerkennung und Respekt durch gegenseitiges Lob aus! (Fragen Sie sich doch gleich mal, wann Sie das letzte Mal einem Kollegen an der Schule Anerkennung für etwas ausgedrückt haben, das Ihnen gefallen hat.)
- Wir übernehmen Verantwortung für gemeinsame Lösungen.
- Wir bedanken uns.
- Wir kommunizieren offen und ehrlich.

SICH AUF EINEN NEUEN LEISTUNGSBEGRIFF VERSTÄNDIGEN

15

Das Lernen in der inklusiven Schule bringt die Entwicklung einer neuen Leistungskultur fast selbstverständlich mit sich. Leistung wird umfassender gesehen, sollte zieldifferent, dialogisch sowie an Grundsätzen des Ermutigens und Förderns

> Tipp 86, 88

> Tipp 87

Entwicklungsorientierter
Ansatz

> Tipp 63

> Tipp 84

> Tipp 29, 85

Grundlagen
der Leistungsbewertung

betrachtet werden (Tipp 86, 88). Wichtig ist, dass Sie im Kollegium eine gemeinsame Verständigungsgrundlage über den Leistungsbegriff bzw. einen gemeinsamen neuen Standpunkt zur Leistung entwickeln (Tipp 87).

Eine neue pädagogische Lernkultur erfordert einen entwicklungsorientierten Umgang mit Lernleistungen: Die Leistungen *aller* Kinder werden wahrgenommen und gewürdigt (Tipp 63). Diese Lernkultur ist ermutigend, erkennt besondere Begabungen an, berücksichtigt unterschiedliche Lernvoraussetzungen und drückt positive Leistungserwartungen aus. Es entsteht ein Dialog zwischen Kind und Lehrer, der von gegenseitigem Respekt geprägt ist (vgl. Bartnitzky/Hecker 2010) (Tipp 84). Abgesehen von den fachlichen Kompetenzen werden methodische und soziale Leistungen, das Denken in Zusammenhängen, das kritische Urteilen, die kommunikativen und kooperativen Fähigkeiten sowie das eigenständige Lernen berücksichtigt. Hierbei sammeln und nutzen alle Personen, die an der Erziehung und Bildung der Kinder beteiligt sind, Informationen über den Leistungs- und Entwicklungsstand (Tipp 29, 85).

Wichtige Grundlagen für eine Leistungsbewertung sind:

- Dokumentation der Lernentwicklung, z. B. durch Lernordner, Portfolioarbeit, Lerntagebücher, dokumentierte Gespräche über das Erreichte in Form von Lerngesprächen, Beratungsprotokolle mit notierten Vereinbarungen, Zeugnisgespräche,
- Leistungsbestätigungen in Form von Ausweisen, Führerscheinen oder Urkunden, z. B. Ernährungsführerschein, 1x1-Pass, Radfahr-Urkunde,
- verbindliche Lernstandserhebungen, Lernzielkontrollen in Form kompetenzorientierter Tests,
- standardisierte Instrumente zur Feststellung der Lernentwicklung, wie z. B. der Lesetest ELFE 1-6 (Lenhard/Schneider 2006) oder die Hamburger Schreibprobe.

Achtung!

Mit Papier-Bleistift-Tests reduzieren Sie Unterrichtsprozesse auf die Vermittlung überprüfbarer Ziele, nehmen aber die Lerner mit ihren individuellen Denkstrategien nicht wahr. Im inklusiven Unterricht wirken vielfältige Bildungsprozesse; diese heißt es in den Blick zu nehmen! Entwickeln Sie einen neuen Standpunkt zur Leistung – das bringt das Lernen in einer heterogenen Lerngruppe mit sich (Tipp 83).

❯ Tipp 83

IM KLASSENTEAM UNTERRICHTEN

16

Im gemeinsamen Unterricht einer inklusiven Schule arbeiten Grundschullehrer und Lehrer für Sonderpädagogik eng mit Erziehern, Schulassistenten, jungen Menschen im freiwilligen Dienst, Praktikanten oder Therapeuten zusammen (Tipp 29). Der Kooperation zwischen den Pädagogen der Regelschule und den Lehrkräften für Sonderpädagogik kommt dabei eine besondere Bedeutung zu. Sie tragen gemeinsam und gleichberechtigt Verantwortung für den Unterricht in einer heterogenen Lerngruppe. Beide Pädagogen kennen die Lernvoraussetzungen aller Schüler und unterrichten die Lerngruppe. Zusammen werden inklusive, kooperative Unterrichtsformen geplant (Tipp 69, 80), erprobt und weiterentwickelt sowie Zeugnisse gemeinsam geschrieben und unterzeichnet (vgl. Schwager 2011). Nicht zuletzt diese Unterschrift beider Kollegen trägt die enge Kooperation und gemeinsame Verantwortung nach außen an Eltern und Schulöffentlichkeit heran.

❯ Tipp 29

Gemeinsame
Verantwortung

❯ Tipp 69, 80

SOS-Tipp

Das gemeinsame Unterrichten und Tragen von Verantwortung für die gesamte Klasse erscheint anspruchsvoll. Vielleicht werden auch Sie hin und wieder ins Zweifeln geraten, inwieweit man diesem Anspruch an inklusivem

▶ Tipp 64, 71

Unterricht gerecht werden kann (Tipp 64, 71). Hier heißt es Mut zur Lücke zu haben und im Team das eigene Können einzusetzen, zu handeln, auszuprobieren, zu verhandeln und zu kooperieren. Suchen Sie dabei immer den Austausch mit dem Ziel, gemeinsam den Unterricht weiterzuentwickeln.

Es kann nicht darum gehen, dass der Sonderpädagoge die Kinder mit sonderpädagogischem Förderbedarf im Nebenraum unterrichtet und der Regelschullehrer für alle anderen Kinder zuständig ist (Zwei-Gruppen-Theorie). Hiermit wird nur die bestehende Segregation zementiert. Alle (!) Kinder profitieren von der Expertise beider Professionen!

So können verschiedene Kooperationsmöglichkeiten des Unterrichts aussehen:

Kooperatives Unterrichten

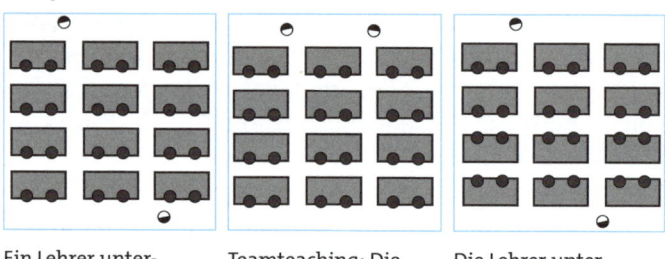

Ein Lehrer unterrichtet, ein Lehrer beobachtet

Teamteaching: Die Lehrer unterrichten gemeinsam die gesamte Lerngruppe

Die Lehrer unterrichten parallel zur selben Thematik

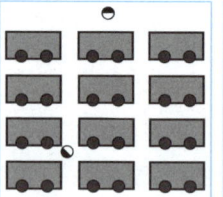

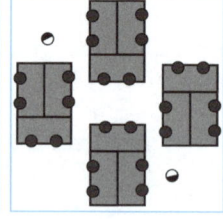

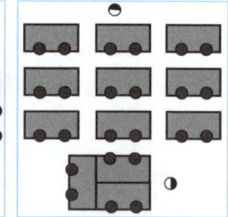

Ein Lehrer unterrichtet, ein Lehrer assistiert

Beide Lehrer begleiten die Schüler an Stationen

Die Lehrer unterrichten zu verschiedenen Themen

Achtung!

Selbstverständlich wird jeder Lehrer hin und wieder zur Vertretung von Unterrichtsstunden herangezogen. Doppelbesetzung ist allerdings kein Luxus in der Schule, sondern pädagogische Notwendigkeit. Insofern sprechen wir uns explizit gegen die manchmal übliche Praxis aus, Sonderpädagogen als Springer für jeden Krankheitsfall einzusetzen.

WOCHENPLANUNGEN AUSTAUSCHEN

17

Gestalten Sie den Austausch mit Ihrem Teamkollegen so effektiv und transparent wie möglich (Tipp 16). Absprachen in der Teamsitzung oder eine kurze Abstimmung während der Pausen sind dafür natürlich unerlässlich. Als überaus hilfreich erweist es sich zudem, die Wochenplanungen vorab schriftlich auszutauschen. Das schafft Transparenz und Verständnis füreinander: Sie erfahren, welche Aktivitäten Ihr Kollege geplant hat, welche Gespräche er in der kommenden Woche anberaumt hat usw. Der Aufwand zahlt sich aus und im Laufe der Zeit erfolgt dieser schriftliche Austausch routiniert.

❯ Tipp 16

Beispiel für eine Wochenübersicht (Ausschnitt)

	Montag	Dienstag
1. −3. Stunde	Offener Anfang Schülerfrühstück/ Morgenkreis Arbeitsplan-Übergabe für X Verhaltensplan für Y−Z Erzählkreis + Schreiben (Lehrer A + B) Frühstückspause Mathe (Lehrer A)	Offener Anfang Schülerfrühstück/ Morgenkreis Kunst (Lehrer B) Frühstückspause Mathe (Lehrer B) Lerngespräch (Lehrer A)

Pause		
4. Std.	Englisch Logopädie (Schüler D)	Rechtschreibwerkstatt (Lehrer B)
Pause		
5. Std.	Lesezeit (B) Lesen mit Lesepate (Schüler X + V)	Sport (Lehrer A)
Pause – Freizeit – Essen		
6. Std.	Freizeit	Streitschlichter AG (Schüler T + U)
	Übungszeit	Übungszeit

TEAMSITZUNGEN ABHALTEN

18

> Tipp 16

Teamsitzungen sind ein unverzichtbarer Bestandteil der Kooperation verschiedener Professionen (Tipp 16). Verantwortliche Pädagogen müssen im Schulalltag die Gelegenheit haben, sich regelmäßig zu treffen und sich auszutauschen, damit es nicht bei Tür-und-Angel-Gesprächen und sporadischen Verabredungen im Anschluss an einen anstrengenden Schultag bleibt.

Verlässliche
Teamsitzungen
sicherstellen

Fest verankert im Stundenplan bieten Teamsitzungen verlässliche Zeiten zum Austausch, für Beratungen und Entscheidungen.

Mögliche Inhalte dieser Teamsitzungen sind etwa die Planung gemeinsamer Aktivitäten, Absprachen zum Unterricht, der Austausch zur Vorgehensweise bei Lernschwierigkeiten und Verhaltensproblematiken oder die Klärung von Problemen bzw. Missverständnissen.

Als regelmäßige Besprechungszeit sollten wöchentlich circa dreißig Minuten anberaumt werden.

Achtung!

In der inklusiven Schule liegt es in der Verantwortung der Schulleitung, dass Teamsitzungen verlässlich durchgeführt werden können (Tipp 28). Diese unerlässlichen Besprechungen sollten fest im Stundenplan verankert sein, sodass sie auch bei der Vertretungsplanung berücksichtigt werden.

❯ Tipp 28

Gleich mal ausprobieren

Installieren Sie Freistunden im Laufe einer Schulwoche für jedes Team, um die Teamsitzungen sicherzustellen. In dieser Zeit wird die Klasse von einem Pädagogen eines anderen Teams unterrichtet.

TEAMSITZUNGEN EFFEKTIV GESTALTEN

19

Teamsitzungen sind in erster Linie für den Austausch und die Koordination da (Tipp 18). Die Zeit dafür ist im Schulalltag immer knapp, die Tagesordnung hingegen oft gefühlt endlos. Umso wichtiger ist es deshalb darauf zu achten, dass die Diskussionen zu einzelnen Punkten nicht ausufern.

❯ Tipp 18

Gleich mal ausprobieren

Folgende Punkte können Ihnen dabei helfen, eine Teamsitzung effektiv und gewinnbringend zu gestalten.

- **Zeitwächter** benennen.
- **Blitzlicht:** Lassen Sie zu Beginn einer Sitzung ein wenig Raum zum Ankommen bzw. für eine kurze Aussprache dessen, was jeden gerade bewegt.
- **Tagesordnung:** Verständigen Sie sich gemeinsam, welche Themen besprochen werden.
- **Protokoll:** Halten Sie die Gesprächspunkte, Vereinbarungen und Verantwortlichen in einem Protokollbuch fest. Durch diese Dokumentationspraxis gewinnt die Besprechung an Verbindlichkeit.

20

Sich als Lern- und Arbeitsgemeinschaft verstehen

Fachkonferenzen für die einzelnen Unterrichtsfächer durchzuführen ist selbstverständlich. Genauso selbstverständlich sollte es sein, dass sich die Sonderpädagogen der Schule zum gemeinsamen Austausch ihrer Erfahrungen und Expertisen treffen.

Sonderpädagogen, die alleine an einer Schule arbeiten, sollten sich unbedingt mit anderen Kollegen ihrer Profession vernetzen und die weiteren Hinweise ebenso beachten.

Gleich mal ausprobieren

Die Lehrkräfte für Sonderpädagogik finden sich am besten in einer wöchentlichen Fachkonferenz zusammen. Mögliche Themen können sein:

- Kompetenztransfer durch gegenseitige Beratung leisten,
- sich über diagnostische Verfahren und Lernstandserhebungen austauschen (Tipp 88),

❯ Tipp 88

- einen Materialpool einrichten,
- sich über Lernmittel für Schüler mit zieldifferenter Förderung informieren,
- sich gegenseitig bei der Gutachtenerstellung unterstützen,
- Das inklusive Schulkonzept weiterentwickeln (Tipp 10),

❯ Tipp 10

- Beratungsaufgaben bei externen Stellen und Partnern koordinieren.

Legen Sie eine (halb)jährliche Planung für die sonderpädagogischen Fachkonferenzen fest, in denen wichtige Themen für die Gruppe erörtert werden. Diese Vorstrukturierung erweist sich als gute Orientierungshilfe, sollte aber flexibel gehandhabt werden, wenn zwischendurch Aktuelles auf der Agenda steht.

Achtung!

Lehrkräfte für Sonderpädagogik sollten – in einem vertretbaren Rahmen – nur in den Klassen Vertretungsunterricht leisten, in denen sie zur sonderpädagogischen Förderung eingesetzt werden.

Beispiel für eine Jahresplanung der sonderpädagogischen Fachkonferenz

Datum	Thema
Schuljahresanfang	
	Planung des Jahres
	Schulbegleitungen + Kinder mit Logo- und Ergobedarf
	Förderkonferenzen
	Übergang weiterführende Schulen
	kollegiale Fallberatung /Aktuelles zu Kindern
	Diagnostik/Materialvorstellungen/außerschulische Beratungsstellen
	Informationen über interessante Fortbildungen
Herbstferien	
	Vorbereitung Förderplankonferenzen
	Anmeldungen der Schulneulinge – Planung/Vorbereitung
	Rückmeldungen aus den Förderplankonferenzen + Anmeldungen
	Übergang weiterführende Schulen – Elternwünsche/Vorbereitung Empfehlungen
	Zeugnisfragen
	kollegiale Fallberatung/Aktuelles zu Kindern
	jährliche Überprüfungen
	kollegiale Fallberatung/Aktuelles zu Kindern

Datum	Thema
Weihnachtsferien	
	Zeugnisfragen
	Testverfahren
	Materialvorstellungen/außerschulische Beratungsstellen
	Förderkonferenzen Schulneulinge
	kollegiale Fallberatung/Aktuelles zu Kindern
	Schulbegleitungen
	Aktuelles zu Kindern
	Übergang in die Klasse 5
Osterferien	
	Konzeptarbeit
	Konzeptarbeit
	kollegiale Fallberatung/Aktuelles zu Kindern
	Ergebnisse Förderkonferenzen Schulneulinge
	Vorbereitung des pädagogischen Ganztags
	Zeugnisfragen besprechen
	Treffen mit Ergotherapeuten und Logopäden
	Rückmeldungen Schulneulinge/aktuelle Fragen
	jährliche sonderpädagogische Überprüfungen
Schuljahresende	

21

Der Schulassistent, auch Schulbegleiter oder Integrationshelfer genannt, ist eine wichtige Unterstützung in der inklusiven Schule. Diese „Maßnahme" wird überall unterschiedlich ausgeführt und hat viele Gesichter. Achten Sie auf einige wichtige Aspekte in der Zusammenarbeit:

- Die Schulassistenz sollte in die Förderplanung einbezogen werden und somit selbstverständlich bei Förderplankonferenzen dabei sein (Tipp 25, 78).

❯ Tipp 25, 78

- Besprechungszeiten mit der Schulassistenz in regelmäßigen Abständen sind sinnvoll, um deren Tätigkeiten und Bereiche klar abzustecken, den genauen Unterstützungsbedarf zu analysieren sowie Differenzierungsmaßnahmen vorzubereiten und nachzubesprechen.
- Die Lehrer sind für die Auswahl der Bildungsinhalte, die methodisch-didaktische Aufbereitung, die Förderplanung und die Elternberatung zuständig.
- Die Schulleitung hat das Hausrecht, an das auch die Schulassistenz gebunden ist, obwohl sie von einem anderen Träger angestellt ist.

Per Definition ist die Schulassistenz für einen einzelnen Schüler da, doch es gibt eine Vielzahl von Möglichkeiten des Einsatzes. Als Lehrer können Sie den Unterricht so planen, dass die Schulassistenz in der Lage ist:

Produktive Zusammenarbeit im Unterricht herstellen

- Hilfen in Übungsphasen zu geben,
- Kleingruppen anzuleiten,
- Lernangebote zu reduzieren oder zu erweitern,
- Lernstationen anzuleiten.

Um die Ecke gedacht

Eine gleichermaßen wichtige wie herausfordernde Aufgabe ist es für Schulbegleitungen, Kinder nach Bedarf zu unterstützen und gleichzeitig eine Selbstständigkeit anzubahnen. Übernimmt der Schulassistent oben beschriebene Aufgaben, profitiert die ganze Klasse und das begleitete Kind kann ein eigenständigeres Lernen erproben.

Teamarbeit basiert in großem Maße auf Absprachen und einer gesunden Feedback-Kultur. In der Praxis bedeutet das allerdings nicht, dass jede Handlung im Unterricht oder schulischen Kontext miteinander abgesprochen werden muss oder kann (Tipp 16, 18, 19). Hier heißt es, dem Teampartner zu vertrauen und auch bei Entscheidungen, die man selbst vielleicht anders getroffen hätte, Ruhe und Verständnis zu bewahren. Zeigen Sie sich als entscheidungsfähiger Teamkollege, der klar und selbstbewusst handelt, aber auch Vertrauen in die Professionalität und Kompetenzen seines Partners besitzt.

❯ Tipp 16, 18, 19

Nutzen Sie die Gelegenheit, eine andere Klasse oder Schule als Gast zu besuchen. Hospitationen bieten die Chance, lebenslanges Lernen zu realisieren und sich weiterzuentwickeln. Sie stellen eine einfache Möglichkeit dar, sich zu informieren, mit Kollegen in einen Austausch zu treten und Neues zu Materialien, Unterrichtsmethoden oder zum Classroom-Management zu entdecken (Tipp 95, 96). Und: Ihre Gastgeber lernen vielleicht auch etwas von Ihnen.
Gleichzeitig sollten Sie selbst Ihren Unterricht für andere Kollegen, sei es von der eigenen oder von einer anderen Schule, öffnen (Tipp 12). Sie können Methoden und Materialien vorstellen, die sich in Ihrem Unterricht bzw. an Ihrer inklusiven Schule bewährt haben. Die Gespräche mit den Hospitanten bieten auch die Möglichkeit, sich generell über Sichtweisen auszutauschen. Manchmal stellt sich heraus, dass die eigenen Probleme auch schon woanders aufgetreten sind und dort möglicherweise einfach gelöst wurden.
Hospitationen sind für Gäste und Gastgeber gleichermaßen

❯ Tipp 95, 96

❯ Tipp 12

von Vorteil. Der Zeitaufwand ist begrenzt, der aus ihnen resultierende Energie- und Innovationsschub hingegen oft beachtlich!

Um die Ecke gedacht

Erweitern Sie Ihren Horizont auch gern durch Hospitationen an weiterführenden Schulen. Zum Gestalten der Übergänge und zur Ausweitung Ihrer Netzwerke ist solch ein Kennenlernen in jedem Fall empfehlenswert.

Achtung!

Hospitationen sind keine Vorführung! Unterrichten Sie so wie immer. Haben Sie auch keine Scheu, Ihren Gästen zu signalisieren, dass es während der Unterrichtszeit keine Möglichkeit für ein Gespräch gibt. Unterricht bedeutet, Zeit für die Kinder zu haben.

Eine gute Vorbereitung der Hospitationen und eine Klärung von Erwartungen hilft allen Beteiligten. Wer ist für die Organisation im Vorfeld, die Begrüßung, die Verteilung der Hospitanten auf die Klassen zuständig? Wie lang soll die Hospitation dauern? Kann ein anschließender Austausch über den Vertretungsplan organisiert werden? Ist Fotografieren gestattet?

Bei gegenseitigen Hospitationen in der Schule sollten diese >Tipp 9 über den Vertretungsplan geregelt werden (Tipp 9).

EINE DROPBOX ETABLIEREN

24

Um einen einfachen Informationsaustausch im Kollegium herzustellen, bieten sich virtuelle Festplatten an, auf die jeder Kollege Zugriff hat. Sie haben gemeinsamen Zugang zu Vorlagen, Berichten, Klassendokumenten und *verschlüsselten* Schülerergebnissen. Dropbox oder andere Systeme wie SpiderOak, Tresorit oder TeamDrive bieten sich dafür an.

Achtung!

Denken Sie bei der Nutzung solcher Systeme an den Datenschutz. Achten Sie unbedingt darauf, dass keine sensiblen Schülerdaten unverschlüsselt in die virtuelle Datenablage verschoben werden.

Selbstverständlich erleichtert es die Zusammenarbeit auch ungemein, wenn das schulinterne Curriculum, das Schulprogramm, Konzepte, Beschlüsse, Stundenpläne, Materialien, Lernzielkontrollen usw. online in einem Datenspeicher allen Kollegen zur Verfügung stehen.

Effektives Instrument der Zusammenarbeit

Um die Ecke gedacht

Mit einer NAS (Network Attached Storage/netzwerkgebundener Speicher) können Sie sich unabhängig von Anbietern machen. Diese „Festplatten" werden an die Stromversorgung und an das Internet angeschlossen und kosten nur einen einmaligen Anschaffungspreis bei sehr großen Speicherkapazitäten. Ein Administrator bzw. Medienbeauftragter an der Schule kann verschiedene Nutzerkennungen einrichten und pflegen. Trotz unterschiedlicher automatischer Sicherungsmechanismen von NAS ist eine regelmäßige zusätzliche Sicherung auf einer externen Festplatte empfehlenswert!

FÖRDERPLANKONFERENZEN DURCHFÜHREN

25

Treffen Sie sich regelmäßig mit Ihren Teampartnern zu Förderplankonferenzen, um die Lernausgangslagen einzelner Kinder, d.h. ihre Bedürfnisse, Stärken und Schwächen, zu analysieren. Davon ausgehend kann überlegt werden, was

> Tipp 78

diese Kinder für erfolgreiches Lernen benötigen (Tipp 78). Diese Förderplanung betrifft vor allem Kinder mit sonderpädagogischem Förder- oder besonderem Unterstützungsbedarf.

Förderplanungen nachhaltig gestalten

Die Förderplankonferenzen sollten fest in der Jahresplanung verankert sein. Wichtig ist, dass in dem Plan auch die hierbei anwesenden Pädagogen verzeichnet sind, damit jeder seine Termine kennt.

Die Vorbereitung der Sitzungen übernehmen die Sonderpädagogen. Dazu gehört, die Schulassistenten einzuladen

> Tipp 21

(Tipp 21), einen Raum zu organisieren, die Förderplanbögen vorzubereiten, die bisherigen Förderziele zu dokumentieren, sich getroffene Vereinbarungen zu vergegenwärtigen, neue Dokumente und/oder Diagnostikergebnisse vorzustellen etc. Je besser die Förderplankonferenz vorbereitet ist, desto klarer und zügiger kann die Förderplanung für jedes einzelne Kind erfolgen.

Achtung!

> Tipp 44

Bitte achten Sie beim Lesen auf den Unterschied zwischen Förder*plan*konferenz und Förderkonferenz (Tipp 44)!

IN LÖSUNGEN STATT IN PROBLEMEN DENKEN

26

Die Frage, ob überhaupt eine Auseinandersetzung mit dem Inklusionsgedanken stattfindet, darf sich heutzutage nicht mehr ernsthaft stellen. Inklusion ist ein Menschenrecht und wird legitimiert durch die UN-Behindertenrechtskonvention für gleichberechtige Teilhabe an der Gesellschaft, die von Deutschland und zahlreichen weiteren Staaten unterzeichnet wurde.

Die Selbstverständlichkeit für jeden Menschen, an allen Bereichen der Gesellschaft teilhaben zu können, sollte nicht problematisiert, sondern gemeinsam erstrebt werden (Tipp 8). Eine inklusive Schulentwicklung ist ein zentraler Aspekt (Tipp 10), eine selbstverständliche Offenheit und Toleranz mit unterschiedlichen Stärken und Schwächen im schulischen Rahmen zu erlernen und damit eine wichtige Grundlage für eine gesellschaftliche Entwicklung zu schaffen. Dieser Aspekt darf nicht erst dann Relevanz besitzen, wenn man selbst, ein Angehöriger oder Freund gesellschaftlich nahezu ausgeschlossen wird.

❭ Tipp 8
❭ Tipp 10

DEN INKLUSIVEN CHARAKTER DER SCHULE ENTWICKELN

27

Es existiert keine Blaupause für die inklusive Schule! Von jeher zeichnete sich die Schullandschaft qualitativ mehr durch Individualität als durch Gemeinsamkeiten aus. So muss auch jede ihren eigenen inklusiven Charakter entwickeln und darf nicht erwarten, dass sich durch eine einfache Erhöhung der Mitarbeiterzahl, durch multiprofessionelle Teams und eine bessere materielle Ausstattung Probleme von alleine lösen. Die genannten Veränderungen der personellen und materiellen Situation bringen sogar noch neue zu bewältigende Herausforderungen mit sich.

Nicht die Kinder sollen sich einer rigiden Schule anpassen, Schule muss sich an den Bedürfnissen der Kinder orientieren und sich entsprechend verändern. Eine Entwicklungsbereitschaft und ein ernsthaftes Interesse daran, alle Kinder zu beschulen, sind maßgeblich (Tipp 61). Es ist ein hohes Ziel, das aufgrund (noch) fehlender Strukturen sicherlich nicht an allen Schulen ohne Weiteres erreicht werden kann. Wenn eine Schule sich zum Ziel setzt, dass alle Kinder, unabhängig von ihren Stärken und Schwächen, sich wohlfühlen und arbeiten können, muss dies sicherlich auch für die dort arbeitenden Erwachsenen gelten und darf nicht auf deren Kosten gehen (Tipp 13, 14).

❭ Tipp 61

❭ Tipp 13, 14

Um die Ecke gedacht

Wie kann schrittweise erreicht werden, dass alle Kinder, unabhängig von ihren Stärken und Schwächen, die wohnortnahe Schule besuchen und dort lernen dürfen? Wie kann erreicht werden, dass alle Erwachsenen eine gemeinsame Philosophie der Inklusion haben und gerne an der Schule arbeiten (Tipp 2, 10)?

❯ Tipp 2, 10

DIE INKLUSIVE SCHULE LEITEN

28

Die Schulleitung ist für eine inklusive Schulentwicklung als Vordenker und Anführer unentbehrlich. Ein Aufgabenprofil zu erstellen, benötigt ein eigenes Buch (vgl. Ratzki 2015). Diese sieben Punkte halten wir für besonders wichtig:

- Überzeugungsarbeit leisten
- demokratische Strukturen schaffen und zulassen
- wertschätzen und beraten (Tipp 12, 14)
- Teamsitzungen im Stundenplan verankern (Tipp 18)
- Förderkonferenzen leiten (Tipp 44)
- Planung des Kinderparlaments sowie Teilnahme daran (Tipp 34)
- Planung der Inklusionsgruppe mit dem Inklusionsbeauftragten sowie Teilnahme daran (Tipp 3, 4)

❯ Tipp 12, 14
❯ Tipp 18
❯ Tipp 44
❯ Tipp 34
❯ Tipp 3, 4

MULTIPROFESSIONELLE TEAMS BILDEN

29

Die gelungene Zusammenarbeit in multiprofessionellen Teams bildet eine wichtige Grundlage für Inklusion. In einem inklusiven Klassensetting spielen Klassenlehrer und Sonderpädagoge zentrale Rollen (Tipp 16). Eine notwendige Begleitung der Kinder durch Erzieher, Sozialpädagogen sowie durch Erziehungshilfen, Psychologen, Ergotherapeuten, Logopäden und Ärzte spiegelt wider, wie facettenreich Unter-

❯ Tipp 16

stützungsbedarfe für die heutige Schülerschaft sind (Tipp 21, 41, 42, 46).

❯ Tipp 21, 41, 42, 46

Klassen- und Fachlehrer arbeiten meist in unterschiedlichem Rahmen mit Sonderpädagogen, Erziehern und Sozialpädagogen zusammen. Aufgrund der spezifischen Sichtweise jeder einzelnen Profession ist der Austausch mit den Pädagogen sehr unterschiedlich. Während der Sozialpädagoge vielleicht die häusliche Situation im Blick hat, thematisiert der Sonderpädagoge den Lernstil und der Erzieher das Freizeitverhalten des Kindes. Diese Gespräche finden in der Schule informell oder in verabredeten Sitzungen statt. Weitere Berufsgruppen wie etwa Ergotherapeuten, Psychologen oder Ärzte hingegen sind nicht selbstverständlich Teil einer Schule. Hier erfordert die Kontaktaufnahme einen besonderen Aufwand.

Nutzen der verschiedenen Sichtweisen auf das Kind

Während therapeutische Maßnahmen vorwiegend in Einzelsitzungen Sinn machen, sollten sich alle Pädagogen um alle Kinder kümmern und diese beim Lernen betreuen. Besonders Sonderpädagogen haben so die Möglichkeit, ihre unbestrittene Expertise einer größeren Anzahl Kinder zukommen zu lassen und auch bei bisherigen „Regelkindern" wichtige Beratungen und Förderungen einfließen zu lassen.

PROFESSIONEN BESCHREIBEN

30

Im Verlauf einer inklusiven Schulentwicklung ändern sich automatisch die Arbeitsbedingungen für die Pädagogen. Neben einer offenen Kommunikation bilden Professionsbeschreibungen ein wichtiges Hilfsmittel, das allen beteiligten Erwachsenen Sicherheit und Verlässlichkeit bietet. Der eigene Verantwortungs- und Schaffensbereich wird so überschaubar und für andere Professionen transparent.

Eine Vielzahl von Fragen bedürfen einer Klärung, die am sinnvollsten von allen Mitarbeitern einer Schule gemeinsam ausgehandelt wird (Tipp 11).

Verantwortungsbereiche für alle abklären

❯ Tipp 11

- Wer organisiert die Klassenfahrt?
- Wer schreibt den AOSF[2]-Antrag?
- Wer betreut das Mittagessen?
- Wer ist für die Ordnung in verschiedenen Räumen verantwortlich?
- Wer darf diese Räume nutzen?
- …

Während beispielsweise professionsintern für die Regelschullehrer an einer Schule Klarheit über anfallende Aufgaben besteht, herrscht diese Klarheit nicht gleichermaßen für Erzieher und umgekehrt. Um eine professionsübergreifende Transparenz über Arbeitsbereiche, Verantwortlichkeiten, Abläufe und Protokollverfahren verschiedener Gremien usw. zu schaffen, können alle Mitarbeiter einer Schule gemeinsame Professionsbeschreibungen erstellen.

Achtung!

An der Erstellung der Professionsbeschreibungen sollten alle Mitarbeiter beteiligt werden. Bilden Sie dazu eine Arbeitsgruppe aus Repräsentanten unterschiedlicher Professionen. Sammeln Sie in Gremien die unterschiedlichen Aufgaben, um sie dann der Arbeitsgruppe zur Erstellung der Professionsbeschreibungen zur Verfügung zu stellen. Gemeinsam beschlossen ergibt sich ein gemeinsamer verbindlicher Rahmen!

EIN SCHLICHTUNGSGREMIUM WÄHLEN

31

Wo Menschen aufeinandertreffen und gemeinsam arbeiten, entstehen Meinungsverschiedenheiten und Probleme. Die Kooperation unterschiedlicher Professionen an einer inklusiven Schule stellt diesbezüglich selbstverständlich keine Ausnahme dar. Gerade bei oftmals ungeklärten Verantwor-

---

2 Verfahren zur Ermittlung des sonderpädagogischen Förderbedarfs

tungsbereichen in Zeiten des Umbruchs sind Konflikte zwischen Lehrern, Sonderpädagogen, Erziehern und anderen Professionen geradezu vorprogrammiert. Das ist völlig normal und bietet zunächst einmal keinen Grund zur Aufregung! Wichtig ist lediglich, professionell mit solchen Situationen umzugehen.

Neben den Professionsbeschreibungen (Tipp 30) kann die gemeinsame Wahl eines Schlichtungsgremiums helfen, Konflikte zu bereinigen. Das Schlichtungsgremium dient als Ansprechpartner für Unstimmigkeiten, die auf der vermeintlichen Nichteinhaltung der Professionsbeschreibungen oder auf sonstigen Streitigkeiten beruhen. Es versucht zu vermitteln und trifft in gegebenen Konfliktsituationen nötigenfalls Entscheidungen.

❯ Tipp 30
Etablieren einer
Konfliktkultur

Achtung!

Finden Sie bei der Wahl des Schichtungsgremiums einen Modus, der sicherstellt, dass verschiedene Professionen im Gremium vertreten sind. Gewählt wird es in einer gemeinsamen Konferenz von allen Pädagogen.

KOLLEGIALE FALLBERATUNGEN DURCHFÜHREN

32

Eine kollegiale Fallberatung kann eine wichtige Methode zur Problemlösung sein. Ein Ratsuchender kann sich hierbei von einem kleinen Team nach vorstrukturiertem Ablauf beraten lassen. Damit besteht nicht nur die Möglichkeit, ein eigenes Problem zu formulieren, gemeinsam zu strukturieren und zu bearbeiten, sondern auch, sich außerhalb der üblichen Teamstrukturen von Kollegen beraten zu lassen. Die kollegiale Fallberatung bietet nicht zuletzt also die Möglichkeit, sich eine Zeit, einen vertrauensvollen Rahmen und einen Personenkreis zu schaffen, in dem ein wichtiges Problem professionell erörtert wird.

Für unerfahrene Moderatoren oder Gruppen sei an dieser Stelle das „Heilsbronner Modell" empfohlen, für das es sogar ein Online-Angebot gibt (vgl. Spangler 2012).

Ein Beratungsgespräch
systematisch führen

Ablaufschema einer kollegialen Fallberatung

Zeit (min.)	Methode	Ratsuchender	Beratende Gruppe	Regeln/Stichworte
	Rollenverteilung			Wer bringt den Fall ein? Wer berät, wer moderiert?
5'	Vorstellung des Falls	beschreibt die Situation und formuliert eine Fragestellung	hört zu und macht sich Notizen	Noch nicht nachfragen!
15'	Befragung	antwortet differenziert	interviewt den Ratsuchenden	Nur Verständnis- und Informationsfragen, keine Probleminterpretationen!
10'	Hypothesen	geht aus der Runde und hört zu	berät sich: Äußerung von Hypothesen, Vermutungen, Eindrücken	Noch keine Lösungen entwickeln!
5'	Stellungnahme	kehrt zurück, ergänzt und korrigiert	hört zu und korrigiert ggf. die Aufnahme ihrer Hypothesen	Keine Diskussionen!
10'	Lösungsvorschläge	geht aus der Runde, hört intensiv zu und macht sich Notizen	jeder sagt (oder schreibt auf), was er anstelle des Ratsuchenden tun würde	Keine Diskussionen!
10'	Entscheidung	teilt mit und begründet in der Runde, welche Hypothesen angenommen werden und welche Vorschläge er umsetzen möchte	hört zu	Keine Diskussionen!
5'	Austausch	äußert, wie es ihm geht	„Was nehme ich mit aus dem Gespräch?", persönliche Anmerkungen	Anregungen und Verbesserungsvorschläge für das Schema

33

Schulen, die mit dem Jacob-Muth-Preis für inklusive Schule ausgezeichnet wurden, haben im Zuge ihrer Schulentwicklung auch die zeitliche Rhythmisierung (Schultag/-jahr) auf die Bedürfnisse ihrer Kinder und Pädagogen abgestimmt. Es gibt kein Patentrezept, sondern nur Lösungen für einzelne Schulen. Haben auch Sie den Mut, eine Optimierung der Zeitstruktur an Ihrer Schule in Angriff zu nehmen – Schule bietet mehr Handlungsspielraum, als meistens angenommen wird. Nutzen Sie ihn!

Mut zur Veränderung

Gleich mal ausprobieren

Reflektieren Sie mit den versammelten Kompetenzen Ihres Teams nach der kooperativen Methode *Think – Pair – Share* das Thema „Zeit" (Tipp 1).

❯ Tipp 1

- Welche Zeitstrukturen haben sich bei uns bewährt?
- Wo ist „Zeit" der Stolperstein für die Bedürfnisse von Kindern und Pädagogen?
- Ist der Gong wirklich zu allen Zeiten erforderlich? Können nicht Lehrer und Kinder evtl. besser und flexibler selbst über Themen- und Phasenwechsel oder Frühstückspausen im Klassenverband entscheiden?

34

Die Belange und die Entscheidungen der Kinder müssen ernst genommen, wertgeschätzt und umgesetzt werden; das Kinderparlament stellt dafür ein bewährtes Instrument dar. Es besteht aus zwei gewählten Klassensprechern aus jeder Klasse, einem erwachsenen Moderator und je einem Mitglied der Schulleitung und der pädagogischen Leitung der OGS. Zweimal im Monat tagt das Kinderparlament, um Themen der Schulgemeinde zu diskutieren und abzustimmen. Die Inhalte werden protokolliert und in den Klassenräten (Tipp 35) vorgestellt.

Demokratie in der Schule leben

❯ Tipp 35

Die Bandbreite der Themen, die im Kinderparlament behandelt werden, reicht von der Sauberkeit der Toiletten über die Organisation eines Fußballturniers durch Schüler, das Thema Streit und Ärger mit anschließenden Fragebogenaktion, die Qualität des Mittagessens bis hin zu repräsentativen Aktionen, wenn ein Preis oder eine Spende entgegengenommen wird und die Presse vor Ort ist. Wünschenswert für die Tagesordnungspunkte im Kinderparlament sind natürlich die Themen, die von den Kindern selbst aus den Klassenräten zusammengetragen werden. Im Schulalltag lassen sich mehr als genug Themen finden; diese können auch aus den anderen schulischen Gremien stammen.

Gleich mal ausprobieren

Erstellen Sie einfache, veränderbare PC-Vorlagen: zum einen für eine Einladung der Kinder und der erwachsenen Teilnehmer des Kinderparlaments, zum anderen für das zu führende Protokoll.

Einen Klassenrat etablieren

35

Im Klassenrat kommt die Klasse einmal in der Woche zusammen, um über aktuelle Themen zu sprechen. Vor Beginn des Klassenrats können Kreisleiter bestimmt werden, die die Gesprächsführung übernehmen und vom Lehrer dabei unterstützt werden.

Achtung!

Nehmen Sie als Lehrer eine den Schülern gegenüber gleichberechtigte Rolle ein. Melden Sie sich also ebenso geduldig wie alle anderen, bis Sie drangenommen werden. Über die sich so bietenden Gesprächsanteile erhalten Sie ausreichend Gelegenheiten, Inhalte zu lenken und zu beeinflussen, wenn es erforderlich scheint. Wenn die Kreisleiter Sie erst einmal warten lassen und nicht bevorzugt auswählen, ist ein erstes Verständnis von Demokratie und Gleichberechtigung auf einem guten Weg.

Feste Themenbausteine im Klassenrat können der Bericht aus dem Kinderparlament (Tipp 34), der Bericht aus der Inklusionsgruppe (Tipp 4), die Programmgestaltung einer Übernachtung oder Klassenfahrt, die Gruppen- und Themenfindung für ein anstehendes Projekt oder Problemklärungen sein. Auch die Änderung einer Sitzordnung, Unterrichtstörungen, ein Ausschluss vom Spiel, ein nicht eingelöstes Versprechen des Lehrers, Vorschläge zu Ausflügen oder zur Planung eines Klassenfestes sind Themen, die die Kinder in den Klassenrat einbringen können.

❯ Tipp 34
❯ Tipp 4

Gleich mal ausprobieren

Führen Sie zur Dokumentation von Problemen oder Streitigkeiten, die sich in der Woche ereignen, ein Klassenratsbuch ein, in das die Kinder bei Bedarf ihr Anliegen eintragen können. Dabei löst sich nicht nur der erste Ärger (viele Einträge im Klassenratsbuch klären die Kinder selbstständig), sondern es ist auch die Gewissheit da, dass das jeweilige Problem ernst genommen wurde und eine gewisse Öffentlichkeit erfahren hat. Selbstverständlich haben auch Wünsche, Lob und andere positive Anmerkungen Platz im Klassenratsbuch (Tipp 65). Kinder oder Lehrer können das Klassenratsbuch nutzen, um die Einträge vorzulesen, Beteiligte zu befragen, Meinungen einzuholen, gemeinsam im Klassenrat nach Lösungen zu suchen und auch über diese abzustimmen.

❯ Tipp 65

Um die Ecke gedacht

Ein schönes Ritual im Rahmen des Klassenrates ist es, Abschiede von Kindern oder Erwachsenen mit einer „Warmen Dusche" zu begleiten. Dabei darf jedes Kind und jeder Erwachsene dem „Reisenden" ein paar nette Worte oder Wünsche mit auf den Weg geben, an eine angenehme gemeinsame Zeit oder an ein lustiges Erlebnis erinnern.

36

> Tipp 34

Ein über das Kinderparlament (Tipp 34) ausgerufener Inklusionswettbewerb ist eine Idee, wie Sie die Kinder und die Schulgemeinde an das Thema Inklusion heranführen können. Bis zu einem festen Termin werden gelungene Veranschaulichungen, Bilder, Erklärungen u. v. m. zum Thema Inklusion erarbeitet. Im Kinderparlament erfolgt eine Vorstellung der Arbeiten und die Wahl der Sieger, die Siegerehrung kann dann beispielsweise auf der nächsten Schulveran-

> Tipp 65

staltung stattfinden (Tipp 65). Alle Beiträge können in diesem Rahmen der Schulöffentlichkeit zugänglich gemacht werden. Auf diesem Wege wird ein wichtiger Beitrag geleistet, ein inklusives Bewusstsein zu schaffen.

Beispiel: Die Kinder der Kettelerschule erklären Inklusion

Kettelerschule, Bonn 2014

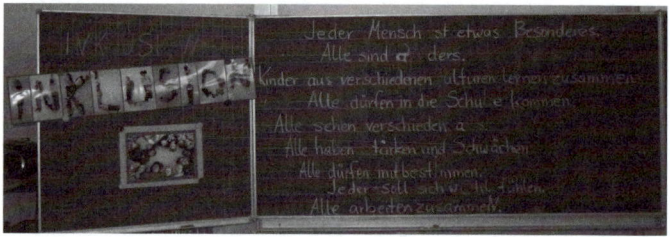

Jeder Mensch **I**st etwas Besonderes.
Alle si**N**d anders.
Kinder aus verschiedenen **K**ulturen arbeiten
und lernen zusammen.
Al**L**e dürfen in die Schule kommen.
Alle sehen verschieden a**U**s.
Alle haben **S**tärken und Schwächen.
Alle dürfen mitbest**I**mmen.
Jeder soll sich w**O**hl fühlen.
Alle arbeiten zusamme**N**.

Gleich mal ausprobieren

Sammeln Sie in einem selbst erstellten Inklusionsflyer die besten Schülerbeiträge eines Inklusionswettbewerbes und ergänzen Sie durch andere wichtige Informationen. Auf Schulfesten und Elternabenden kann dieser Flyer angeboten werden. Die Übersetzung in mehrere Sprachen ist mit Elternhilfe oder im Kollegium meist schnell erledigt. Das informiert klar und verständlich und schafft Identifikation.

GRENZEN VON INKLUSION ANERKENNEN

37

Von den Kindern aus denken

Bei allen Bemühungen, inklusive Arbeit zu leisten, werden Sie oder Ihre Kollegen trotzdem manchmal an schulische und menschliche Grenzen stoßen. Wenn es bei Inklusion grundsätzlich darum geht, dass sich alle Menschen mit ihren individuellen Besonderheiten wohlfühlen sollen, gilt das natürlich auch für die Lehrkräfte und alle anderen erwachsenen Mitarbeiter an der Schule. Die „gesunde" Klassenbildung mit Positivvorbildern, die sinnvolle Nutzung personeller Ressourcen und die Anerkennung persönlicher Belastungsgrenzen gehören neben offenen Unterrichtsformen ebenso zu den Gelingensbedingungen für Inklusion (Tipp 12, 13, 69).

❯ Tipp 12, 13, 69

Manches Kind kann den gegebenen schulischen Rahmen vielleicht gar nicht leisten, solange nicht umfangreiche diagnostische und therapeutische Maßnahmen von Medizinern oder Psychologen durchgeführt worden sind und greifen. Diese Einsicht darf zwar eine kritische schulische Reflexion nach sich ziehen, nicht aber die geleistete Arbeit an sich grundsätzlich infrage stellen. Entscheidend sind die Bereitschaft und die ehrliche Entscheidung, sich der inklusiven Schulentwicklung zu widmen (Tipp 27).

❯ Tipp 27

38 Lesepaten werben

Lesekompetenzen stärken

Lesen lernt man nur durch lesen. Geben Sie deshalb am besten jeden Tag vielfältigste Unterrichtsangebote und Anregungen, um die Lesefreude zu wecken, sowie Anreize, um Lesekompetenzen zu verbessern. Es gibt viele Quellen – so z. B. die Stiftung Lesen –, die Sie zu Ihrer Information über kreative Leseprojekte und interessante Initiativen nutzen können. Sie alle zielen darauf ab, die Lesekompetenzen der Kinder zu stärken. Hierbei ist personelle Unterstützung sehr hilfreich. Werben Sie deshalb in Ihrer Schulgemeinschaft für Lesepaten: Menschen, die bereit sind, regelmäßig in die Klassen zu kommen und mit den Kindern zu lesen.

Gleich mal ausprobieren

Erklärt sich ein Lesepate beispielsweise bereit, Sie einmal die Woche für eine Stunde zu unterstützen, so wählen Sie am besten drei Kinder für diese Förderung aus. Sprechen Sie mit jedem Kind ein geeignetes Buch oder Lesematerial ab. Einige Wochen lang liest der Lesepate dann in der Lesestunde nacheinander einzeln mit diesen Kindern. Oft stellen sich mit solch einem kleinen, aber regelmäßigen Lesetraining schnell Lesefortschritte ein.

39 Ehrenamtliche Helfer einbinden

▶ Tipp 38

Mit der Einbindung ehrenamtlicher Tätigkeit in Ihrer Schule können Sie sich viel Unterstützung holen. Aufseiten der Eltern ist durchaus der Wunsch nach Mitgestaltung da, sodass viele von ihnen gerne ihre Hilfe anbieten. Hier gilt es, die Interessen und Talente von Eltern zu kennen und ihnen entsprechende Einsatzangebote zu machen – etwa beim Lesenüben (Tipp 38), in einer Fahrradwerkstatt, in der Bücherei oder im Schulgarten. Je klarer die Aufgaben inhaltlich und zeitlich eingegrenzt sind, desto attraktiver sind sie für Interessierte.

Gleich mal ausprobieren

Bereits im Rahmen der Anmeldung der Schulneulinge können Sie die Eltern befragen, auf welchem Gebiet und in welchem zeitlichen Rahmen sie bereit wären, die Schule zu unterstützen. Ein einfaches Formular reicht aus, um Informationen über die Bereitschaft der neuen Elternschaft zu erhalten. Der Grundstock für eine Datenbank für Ehrenamtliche ist gelegt.

Beispiel für einen Elternfragebogen

Ich möchte in der Schule mitarbeiten.
Ich bin bereit,
☐ im Schulgarten zu helfen
☐ die Schülerbibliothek zu unterstützen
☐ Roller/Fahrräder zu reparieren
☐ an der Homepage zu arbeiten
☐ die Computer-Abteilung zu unterstützen
☐ Lesepate zu werden
☐ den Adventsmarkt vorzubereiten
☐ beim Schülerfrühstück zu helfen
☐ die Betreuung des Mittagessens zu unterstützen
☐ das Schulsekretariat zu unterstützen
☐ beim Streichen von Räumen zu helfen

☐ Ich möchte gerne: _____

Ich habe Zeit:
☐ Mo ☐ Di ☐ Mi ☐ Do ☐ Fr
☐ am Wochenende
☐ vormittags
☐ nachmittags
☐ Ich bin flexibel.

Abgesehen von den Eltern gibt es oft auch andere Menschen, die gerne eine Schule unterstützen. Dazu zählen z. B. aktive Senioren oder Studenten.

Achtung!

Denken Sie an die Würdigung der ehrenamtlichen Unterstützer, sei es in der Schülerzeitung, in den Schulmittei-
lungen oder zur Feier zum Schuljahresende. Hier können
die Kinder in das Verfassen von Dankesbriefen miteinbe-
zogen werden.

SPONSOREN GEWINNEN

40

Um Kindern gute Bildungschancen zu ermöglichen, zahlt es
sich aus, sich auf die Suche nach zusätzlicher öffentlicher
und privater Förderung zu begeben. Die hiesige Stiftungs-
landschaft für Schulen und schulbezogene Bildungsprojekte
ist vielfältig und finanzstark. Der Weg vom Geldgeber (Spen-
der) hin zum Partner (Sponsor) bedeutet, Förderer zu über-
zeugen, sich mit Geld- oder Sachmitteln für die Schule zu
engagieren und Vorhaben zu unterstützen. Förderer zu fin-

**Förderer von außen
werben**

den, also Fundraising, bedeutet darüber hinaus auch „Friend-
raising": Freunde für die eigene Schule zur Umsetzung bzw.
Weiterentwicklung des Schulprogramms zu finden und
Freundschaften zu pflegen. Im Leitfaden „Schulsponsoring
heute" (S. 18), das 2010 vom Ministerium für Schule und Weiterbildung NRW herausgegeben wurde, wird Schulsponsoring wie folgt beschrieben: „Der Weg zur erfolgreichen Arbeit
mit Sponsoren setzt zunächst ein Stück Investition der Schule voraus, es kostet Zeit, Kraft und Arbeit. Lehrerinnen und
Lehrer müssen ‚Qualität' in ihrer Schule entwickeln, pflegen
und mit einem Sponsor kommunizieren. Hierbei stellen sich
z. T. schon erste ‚Erfolge' ein. Teamarbeit und Kreativität werden gestärkt. Schulsponsoringaktionen schaffen (projekt-
bezogene) Lernkooperationen, es geht nicht um ‚Bettel-
aktionen' für Geld."

Verstehen Sie sich als Anbieter von guten Unterrichts-
modulen, Schulprogrammvorhaben oder Projekten.

❯Tipp 2 Mithilfe des Index für Inklusion (Tipp 2) können bereits erschlossene und weitere vorhandene Ressourcen gesichtet werden. Die Gründung oder Dokumentation eines regionalen Netzwerkes sowie dessen Erweiterung kann ein Thema einer Arbeitsgemeinschaft aus der Inklusionsgruppe werden (Tipp 4).

❭ Tipp 4

Gleich mal ausprobieren

So können Sie das Fundraising an Ihrer Schule starten (vgl. Fundraising Akademie 2015):

1. Verbindungen finden: Wen kennen wir?
2. Möglichkeiten eruieren: Wer verfügt über entsprechende Mittel, uns zu unterstützen?
3. Interessenten suchen: Wer hat Interesse an der Verwirklichung eines Vorhabens?

Um die Ecke gedacht

Hier finden Sie hilfreiche Informationen über Förderprogramme, Stiftungen und Fundraising von der Antragstellung bis zur Berichterstattung:

www.stiftungen.org
www.kulturfoerderung.org
www.foerderratgeber.de
www.bkj.de (Seite der Bundesvereinigung Kulturelle Kinder- und Jugendbildung e.V.)

THERAPEUTEN EINBEZIEHEN

41

Manche Kinder benötigen logopädische oder ergotherapeutische Maßnahmen. Die Therapien in den Schultag einzubinden hilft den betroffenen Kindern, indem die Förderung mit dem schulischen Lernen verzahnt wird und ein enger Austausch zwischen Therapeuten und Pädagogen erfolgen kann.

Verzahnung von Therapie und Unterricht

Gleich mal ausprobieren

Starten Sie die Kooperationen von Ergotherapie- und Logo-
pädie-Praxen vor Ort.

- Eine Lehrkraft übernimmt dabei federführend die Kommunikation zwischen Praxis und Schule.
- Sie koordiniert eine Warteliste, wenn notwendig.
- Sie richtet ein Postfach für jede Praxis ein, um Rezepte oder
schriftliche Informationen hinterlegen zu können.
- Die Schnellhefter mit Trainingsmaterial der Kinder aus den
Therapiesitzungen werden in Stehordnern in jeder Klasse
gesammelt. So sind sie griffbereit für Kinder und Lehrer zum
weiteren Training während der Woche.
- Wenn es notwendig erscheint, können Therapeuten auch
zu Teamsitzungen oder Förderplankonferenzen eingeladen
❯ Tipp 18, 25 werden (Tipp 18, 25).
- An der Infowand der Schule/des Mitarbeiterzimmers wird
eine Vorstellung der Therapeuten mit Fotos ausgehängt.
- Therapeuten informieren die Pädagogen über ihren „Stundenplan": Wer betreut wann welches Kind?
- Die Schulleitung koordiniert den Raumplan und stellt einen
abschließbaren (Material-)Schrank für jede Praxis zur Verfügung.

Achtung!

Auch wenn die Therapeuten nicht täglich in der Schule
arbeiten, lohnt es sich, sie ins Team einzubinden. Mindestens einmal jährlich sollte ein gemeinsamer Austausch
zwischen Schulleitung und Sonderpädagogen stattfinden. Protokollieren Sie Vereinbarungen!

EINEN SCHULSOZIALPÄDAGOGEN EINSETZEN

42

Die Kinder- und Jugendhilfe konstatiert eine zunehmende
Notwendigkeit erzieherischer Hilfen für Grundschulkinder.
Diese Bedarfe können die Lehrer neben ihrem pädagogi-
schen Kerngeschäft an der Schule nicht mehr alleine auffan-

gen, sodass es zusätzlicher Angebote durch einen Schulsozialpädagogen bedarf.

Schulsozialpädagogen arbeiten sowohl präventiv als auch reaktiv in schwierigen, belasteten Situationen. In vielfältiger Weise kann ein Schulsozialpädagoge beraten, motivieren, entlasten, trainieren, fördern, vermitteln und schützen. Individuelle Beratung und Hilfe können konkret auf folgende Aspekte ausgerichtet sein:

Schulsozialarbeit unterstützt

- Entwicklung einer schulinternen „Konfliktkultur" (Tipp 48, 98)
❯ Tipp 48, 98
- Konflikte im Elternhaus
- Schulschwierigkeiten
- Auffälligkeiten im sozial-emotionalen Bereich (Tipp 58)
❯ Tipp 58
- Beratungsgespräche mit Eltern, Lehrkräften und Kindern (Tipp 49)
❯ Tipp 49
- Unterstützung bei der Überwindung kultureller bzw. sprachlicher Barrieren
- Hilfestellung beim Ausfüllen von Anträgen (Tipp 43)
❯ Tipp 43
- Krisenintervention
- Wächteramt für Kinderschutz (Tipp 59)
❯ Tipp 59

Um die Ecke gedacht

Setzen Sie den Schulsozialpädagogen auch in der Übergangsbegleitung von der Kita in die Schule ein. Hier benötigen Kinder in erschwerten Lagen Unterstützung, besonders leistungsstarke Kinder brauchen angepasste Förderung und Beratung. Bauen Sie einen Arbeitskreis „Hand in Hand" auf, wo mit allen umliegenden Kitas Austausch gepflegt wird.

© Ina von Rumohr, www.moculade.de

43

Informieren Sie an der Schule die Eltern über die Möglichkeiten des Bildungs- und Teilhabepaketes (BuT) des Bundesministeriums für Kinder und Familie. Familien mit geringem Einkommen haben Anspruch auf Bildung, d. h. außerschulische, individuelle Unterstützung, finanzielle Hilfen bei Klassenfahrten und Ausflügen sowie allgemein auf soziale und kulturelle Teilhabe. Eltern sollten – trotz bürokratischer Hürden – diese Leistungen für ihre Kinder in Anspruch nehmen. Mittlerweile haben viele Städte und Gemeinden die Informationen dazu so aufbereitet, dass die Antragstellung relativ leicht zu bewältigen ist. Nutzen Sie diese Hilfen!

Gleich mal ausprobieren

❯ Tipp 42

Richten Sie eine *feste* wöchentliche Sprechstunde z.B. mit einem Schulsozialarbeiter in der Schule ein, in der Eltern und auch Lehrer sich Informationen und Unterstützung bei der Antragstellung holen können (Tipp 42). Oftmals gibt es auch Sozialpädagogen/Fachkräfte der Städte und Gemeinden, welche diese Sprechstunde abhalten können, da sie über BuT gut Bescheid wissen und gerne unterstützen wollen.

44

Meist zeichnet sich schon bei der Schuleingangsuntersuchung im Rahmen der Anmeldung an der Grundschule, manchmal aber auch erst im Verlauf der Schulzeit ab, dass ein Kind besonderer Hilfen bzw. sonderpädagogischer Unterstützung bedarf. Dann ist unmittelbar eine umfassende Analyse unter der Fragestellung vorzunehmen: Was braucht das Kind, um erfolgversprechend lernen zu können? Wie können wir das umsetzen?

Beginnen Sie mit einer Förderkonferenz, an der alle Personen, die im Hinblick auf die Entwicklung des Kindes wichtig sind, sich auf Augenhöhe austauschen und ihre Fachlichkeit einbringen: Eltern, Pädagogen, Therapeuten. Die Förderkonferenz ist der Startpunkt für die beginnende Förderung. Hier wird dann im Weiteren festgelegt, in welchem zukünftigen Rahmen diese Konferenz wieder stattfinden wird.

Konkrete Ideen für die Umsetzung

In Anlehnung an die Gruppenergebnisse aus einem Seminar, Barth/ Silkenbeumer, Weimar 2016.

Beispiel für ein Kind mit dem Förderschwerpunkt SPRACHE:	
Was braucht das Kind?	**Was muss das Team können?**
— Sich angenommen fühlen — Lernerfolge — Raum für Sprache im Unterricht — sprachtherapeutische Hilfen — Handzeichen — Lautanbahnung — kleine sprachliche Anforderungssituationen — Bildmaterialien	— Sprachdiagnostik — Diagnostik im Bereich Hören — Wissen um Sprachauffälligkeiten — Wissen um Therapie — Kenntnisse über Sprachentwicklung — Mehrsprachigkeit wertschätzen
Was muss das Team leisten?	**Was muss der Unterricht bieten?**
— entlastende Situationen schaffen — Sprechfreude und Lernerfolge anbahnen — korrektives Feedback — Concept Formation — Kontextoptimierung — sprachtherapeutische Hilfen — Sprachhandlungssituationen initiieren — Übungen zur auditiven Wahrnehmung — Zusammenarbeit mit der Logopädie — Deutsch als Zweitsprache	— sprachförderliche Lehrersprache — Sprachvorbilder — einfache Sprache — kommunikationsfördernde Unterrichtsformen, z. B. „Meldekette" — Toleranz in der Klasse — Wortspeicher einsetzen — Modellieren — linguistische Markierung — Lern- und Lesepartner — Sprachrituale — „Schüler auf die Bühne" — Fördermaterialien, z. B. zur phonologischen Bewusstheit — kooperative Lernformen

Beispiel für ein Kind mit dem Förderschwerpunkt LERNEN:

Was braucht das Kind?	Was muss das Team können?
▬ Ganzheitlichkeit ▬ Zuwendung ▬ sich angenommen fühlen ▬ basale Förderung ▬ Akzeptanz von Grenzen ▬ einfache Sprache ▬ Prinzip Anschauung ▬ Zeit: so viel Zeit wie nötig, um sich Inhalte anzueignen ▬ Übungsmöglichkeiten in vielfältiger Form ▬ Wiederholung ▬ Sicherheit ▬ Orientierung ▬ Ermutigung im Hinblick auf Sprache und Kommunikation ▬ Erfahrungen der Selbstwirksamkeit	▬ Wissen um den Bildungsgang Lernen (zieldifferente Lernziele) ▬ diagnostische Kompetenz besitzen über informelle und normierte Testverfahren ▬ Kennen von Entwicklungsmodellen ▬ Kompetenz im Hinblick auf Lernentwicklung

Was muss das Team leisten?	Was muss der Unterricht bieten?
▬ Verständnis zeigen ▬ Beziehungsarbeit leisten ▬ Lernvoraussetzungen erheben ▬ durchgängig diagnostisch tätig sein ▬ Förderplanung ▬ Wahrnehmungsförderung ▬ Reduktion von Unterrichtsinhalten ▬ Priorisierung ▬ individuelle Lernfortschritte im Blick haben ▬ Erfolge anerkennen ▬ Stärken erkennen ▬ Interessens- und Lebenswelten am chronologischen Alter (anstatt am Entwicklungsalter) orientieren	▬ Handlungsorientierung ▬ vom Konkreten zum Abstrakten ▬ unterstützende Maßnahmen ▬ Strukturierungshilfen ▬ kleinschrittiges Vorgehen ▬ Handlungsorientierte Materialien ▬ Differenzierung ▬ kooperative Lernformen ▬ Übungsphasen ▬ alternative Materialien ▬ altersneutrale Fördermaterialien

Beispiel für ein Kind mit dem Förderschwerpunkt EMOTIONALE und SOZIALE ENTWICKLUNG:	
Was braucht das Kind?	**Was muss das Team können?**
— sich angenommen fühlen — Lernerfolge — Sicherheit — Verlässlichkeit im Miteinander — Raum für sich — klare Regeln — verlässliche Strukturen — Grenzen — Hilfen zur Impulssteuerung — Orientierung	— Kennen von theoretischen Modellen — diagnostische Kompetenz besitzen — Präventions- und Interventionsmaßnahmen einsetzen — außerschulische Netzwerke kennen — über Kenntnisse der Gesprächsführung verfügen — systemische Sichtweise entwickeln
Was muss das Team leisten?	**Was muss der Unterricht bieten?**
— Beziehungsarbeit leisten — positiv denken und handeln — Lernanreize geben — Lernerfolge sichern — Verständnis zeigen — Stärken in den Blick nehmen — ermutigen — Geduld haben — Unterricht systematisch beobachten — kollegiale Fallberatung durchführen — lösungsorientierte Gesprächsführung — Freiräume schaffen	— Classroom-Management — eindeutige Regeln — klare Rituale — Struktur in der Klasse und im Unterricht — Feedback-System — Zeit für Einzelgespräche — Time-out-Möglichkeiten

Um die Ecke gedacht

Nach diesem Schema können Sie sich auch über ein Kind austauschen, bei dem der Fokus mehr auf der basalen Lernentwicklung liegt. Hier ist vor allem auf eine Abstimmung im Hinblick auf zeitliche und inhaltliche Lernvorgaben zu achten.

Förderkonferenzen werden bedarfsorientiert einberufen und werden abgehalten, wenn eine aktuelle Entwicklung eines Kindes besondere Unterstützungsbedarfe erfordert. Als mögliche Ergebnisse können die Festlegung oder Änderung eines Förderschwerpunktes, eine engere Kooperation zwischen Schule und Eltern oder andere Beschlüsse infrage kommen.

Zur Förderkonferenz sollten einige Dokumente vorliegen. Hierzu gehören ein Kurzbericht, der entweder von der Lehrkraft, die das Kind zur Schulanmeldung kennengelernt hat, oder vom Klassenlehrer, dem das Kind aufgefallen ist, verfasst wurde, außerdem Berichte der vorschulischen Einrichtung oder Jugendhilfe sowie Therapieberichte und ärztliche Gutachten.

REFERENDARE EINBINDEN

45

Die Ausbildung von Lehramtsanwärtern ist in den Ausbildungsverordnungen in Bezug auf Ausbildungsanforderungen und -ziele klar geregelt. Trotzdem macht es Sinn, sich als Schule damit auseinderzusetzen, wie der Einsatz der Referendare konkret aussehen soll.

Theoretisch gut ausgebildet, können die Auszubildenden der Grundschul- und Sonderpädagogik nun die praktische Erfahrung machen, dass Vielfalt an der Schule eine Bereicherung darstellt. Die jungen Lehrer können sich als autonom Lernende in die Schule einbringen und alle Kinder beim Lernen unterstützen (Tipp 12).

❯ Tipp 12

Geben Sie den angehenden Lehrern die Chance, ihr Wissen und ihre Kompetenzen einzubringen, sodass sie sich gleichzeitig willkommen und mit für „ihre" Schule verantwortlich fühlen. Referendare bereichern mit ihrem frischen und neugierigen Blick auf das bestehende System Schule und deren Entwicklung. Jeder Referendar hat Stärken und ist damit ein Gewinn für Ihre Schule.

46

Das Jugendamt sowie allgemeine Sozialdienste unterstützen in vielfältiger Weise Kinder und Familien, die sich in Schwierigkeiten, sogenannten (chronischen) Strukturkrisen, befinden. Die Sozialpädagogische Familienhilfe (SPFH) ist in diesem Zusammenhang eine wichtige ambulante Maßnahme. Diese ist stets auch mit dem Auftrag zur Kooperation mit anderen Partnern verbunden. Die Planung dieser Hilfe ist das zentrale Entscheidungs- und Gestaltungsverfahren in der Erziehungshilfe.

Gleich mal ausprobieren

Nutzen Sie die sich bietenden Chancen, wenn die Erziehungsberechtigten sich bereit erklären, sich mit der Sozialpädagogischen Familienhilfe auszutauschen. Denken Sie daran, dabei möglichst die Schweigepflichtsentbindung unterschreiben zu lassen, um einen direkten Informationsaustausch zwischen Schul- und Amtsvertretern durch die Eltern zu legitimieren. Das ist aus rechtlicher Sicht zwingend erforderlich. Unter Umständen kann es auch zum Wohle des Kindes sein, wenn Sie an der Hilfeplanung teilnehmen. Laden Sie zu Eltern- und Zeugnisgesprächen die SPFH ein, damit diese auch von Lehrerseite über den Entwicklungs- und Leistungsstand des Kindes informiert ist. Unter Umständen kann es sogar sinnvoll sein, regelmäßige Termine mit der SPFH zum Informationsaustausch zu vereinbaren.

47

Tiergestützte Pädagogik

Tiere helfen Menschen. Diese Hilfe kann auch für das pädagogische Setting genutzt werden, denn ein Tier in der Schule kann für die soziale und emotionale Entwicklung von Kindern förderlich sein. Es schafft durch seine Anwesenheit im Klassenraum eine besondere Atmosphäre. Die Kinder üben

❱ Tipp 7, 97 im Umgang mit einem Tier auch Rücksichtnahme, Verantwortung und die Beachtung von Regeln (Tipp 7, 97).
Es gibt bereits zahlreiche Schulen, die zur Unterstützung der pädagogischen Arbeit einen Schulhund einsetzen.

Gleich mal ausprobieren

Im Rahmen spezifischer Fortbildungsprogramme tiergestützter Pädagogik werden das Tier und die Pädagogen auf diese Situation vorbereitet. Umfassende Informationen finden Sie unter www.schulhundweb.de.

Um die Ecke gedacht

Tiergestützte Pädagogik kann auch zur Profilbildung einer Schule beitragen.

GEMEINSAM PROBLEME LÖSEN

48

❱ Tipp 29

❱ Tipp 22

❱ Tipp 13

Lösen Sie Probleme im Team. Damit dies gelingt, ist eine offene und konstruktive Kommunikation miteinander unerlässlich. Unterschiedliche Professionen beleuchten Probleme aus unterschiedlichen Perspektiven (Tipp 29); so steigt auch die Qualität der Beobachtung im Regelfall mit der Anzahl der Personen. Eine Arbeitsteilung ist ein wichtiger Baustein von Teamarbeit. Vertrauen Sie Ihren Teampartnern und deren Expertise (Tipp 22)! Schaffen Sie arbeitsteilige Verantwortungsbereiche zur gegenseitigen Entlastung (Tipp 13)! Liegen bei einem Kind starke Verhaltensauffälligkeiten vor, kann eine Arbeitsteilung wichtige Bausteine für eine fundierte Dokumentation und lernförderliche Maßnahmen liefern. Während der Erzieher beispielsweise einen Beobachtungsbogen für die Freizeit führen kann, konzentriert sich der Lehrer auf die fachliche Forderung und Förderung des Kindes und wird durch einen Sonderpädagogen in Form von Verhaltensplänen oder Arbeitsmaterialien unterstützt. Ein Sozialpädagoge kann bei Bedarf ein Elterntraining anbieten. Alle haben während des Schulalltags einen gemeinsamen Erziehungs- und Fürsorgeauftrag, können aber individuelle, professionsspezifische Beiträge leisten.

49

Während es einerseits Sinn macht, mit den Kindern Schwierigkeiten im schulischen Rahmen zu klären und damit ihre Eigenverantwortlichkeit zu stärken, sollten ernste Probleme frühzeitig mit den Eltern thematisiert werden. Zu unterschreibende Elternbriefe, Anrufe oder persönliche Gesprächstermine sind meist die ersten Kontakte.

Im günstigen Fall sind die Eltern bereit zu unterstützen und Sie können mit ihnen an einem gemeinsamen Ziel arbeiten. Die Entwicklung des Kindes wird daraufhin sowohl in der Schule als auch zu Hause aufmerksam begleitet. Reagieren die Eltern hingegen desinteressiert und übernehmen keine oder wenig Verantwortung, halten Sie sie trotzdem stets über bestehende Probleme oder besondere Vorkommnisse auf dem Laufenden. So sind die Eltern zumindest informiert über eine Entwicklung, die weitere Schritte nach sich ziehen und im Rahmen einer Förderkonferenz in der Feststellung eines Förderschwerpunktes enden kann (Tipp 44, 78). Es ist wichtig, dass Vorkommnisse dokumentiert sind!

❯ Tipp 44, 78

Achtung!

Verfassen Sie in persönlichen Elterngesprächen Protokolle, die alle Anwesenden abschließend unterschreiben. Für regelmäßig stattfindende Elterngespräche können Vorlagen erstellt werden, die zur Vorbereitung und zur Dokumentation dienen. Für das ganze Kollegium zur Verfügung gestellt, sorgen diese Vordrucke für eine Entlastung bei der Vorbereitung und für eine Vereinheitlichung der Vorgehensweisen.

SOS-Tipp

Rechnen Sie in einem anstehenden Elterngespräch mit Problemen, empfiehlt es sich, einen Teampartner bzw. Kollegen dazuzubitten. Schwierige Sachverhalte können so mit Unterstützung erklärt werden und es ist im Zweifelsfall ein Zeuge mit im Raum.

Nutzen Sie ein Mitteilungsheft, einen Wohlfühlplan, einen Verhaltensplan oder einen Plan zum Arbeitsverhalten für die Kommunikation und enge Kooperation mit den Eltern (Tipp 51, 52, 57). Tägliche Einträge über einen längeren Zeitraum, die von den Eltern unterschrieben und evtl. mit eigenen Bemerkungen versehen werden, dokumentieren wichtige Beobachtungen zur Entwicklung des Kindes und ermöglichen einen guten Austausch.

> Tipp 51, 52, 57

EINE „INSEL" ZUR KONFLIKTKLÄRUNG EINRICHTEN

50

> Tipp 56

„Störungen haben Vorrang" gilt als wichtige Maxime im pädagogischen Handeln (Tipp 56). Danach sollte selbstverständlich und konsequent gehandelt werden. Doch es gibt dafür weder in der Praxis immer sofort Gelegenheit, noch lässt sich das komplexe Trainingsraum-Konzept in jeder Schule umsetzen. Einfacher ist es, ein effektives Klärungs- und/oder Rückzugsangebot für Kinder während der Pausen, Mittags- und Unterrichtszeiten einzurichten: eine „Insel". Dieses Angebot kann parallel zu den Streitschlichtern bestehen (Tipp 55).

> Tipp 55

Die Insel beinhaltet ein Programm, in dem ein zeitlich begrenztes Training des Sozialverhaltens stattfindet. Die Kinder erleben konsequentes Handeln, lernen Grenzen kennen, werden gefordert, für ihr Handeln einzustehen und gegebenenfalls eine Wiedergutmachung zu entwickeln (Tipp 54). Hier lassen sich Konflikte nachhaltig entschärfen. Alle Pädagogen der Schule können in diese Interventionsmethode

> Tipp 54

eingebunden werden, denn sie ist einfach umsetz- und anwendbar.

Ein gemütlich eingerichteter Raum, der von einem Pädagogen als Ansprechpartner und Schlichter beaufsichtigt wird, bietet in Pausen und Freizeiten den regulären Aufsichtspersonen die Gelegenheit, nicht schnell zu klärende Streitigkeiten abzugeben. So wird die Aufsicht nicht durch einen einzelnen Streit gebunden und ein Problem kann in Ruhe geklärt werden. Der Einsatz der Pädagogen wird über den Aufsichts- bzw. Stundenplan geregelt. Während des Unterrichts stellt die Insel eine Ausweichmöglichkeit zur Bewältigung schwieriger Konflikte und zum Schutz der anderen Kinder dar, die dann einfach in Ruhe weiterlernen können. Schrittfolgen zur Streitklärung oder Elternbriefe bieten sich ebenso als Bestandteil des Inselkonzeptes an wie ein Sandsack, an dem Wut erst einmal „abgearbeitet" und herausgelassen werden kann.

Zeit und Raum für Konfliktklärung schaffen

SOS-Tipp

Nutzen Sie in der Insel ein Protokollbuch. Durch verpflichtende Einträge können die Häufigkeit von Problemen oder bestimmten Besuchern, besonders konfliktträchtige Zeitfenster im Schulalltag u. v. m. evaluiert werden.

Der von der Bonner Kettelerschule erarbeitete Gesprächsleitfaden (s. S. 74) kann als Orientierungsgrundlage dienen, sodass sich das gesamte Pädagogen-Team auf eine verbindliche Vorgehensweise in der Insel verständigt.

Gesprächsleitfaden zur Konfliktklärung

Kettelerschule, Bonn 2014

	Aufgabe des Pädagogen	Wichtig ist:
Gesprächsanbahnung in der Krisensituation	▬ Das Kind freundlich mit Namen und mit Handschlag begrüßen, sich vorstellen ▬ Ggf. dem Kind Zeit geben, sich zu beruhigen	▬ Präsenz und Respekt zeigen! ▬ eine ruhige Atmosphäre herstellen. ▬ wenn mehrere Kinder kommen, sicherstellen, dass alle ruhig abwarten.
Gesprächsvertiefung	Zeitlinie aus der Sicht des Kindes entwickeln „Was ist passiert?" Wie – Was – Wo? „Hast du einen Auftrag?" „Wer hat dich geschickt?"	▬ aktives Zuhören – Verstehen ist das Ziel ▬ Gefühle und Wahrnehmung des Kindes kennenlernen, aber nicht bewerten ▬ Achtung, sich nicht in einen Machtkampf verwickeln lassen! ▬ Körperhaltung und Sprache beobachten
Ziel finden	gemeinsam mit dem Kind entwickeln, was das eigentliche Problem war	Gefühle versus Verhalten identifizieren – Konsequenzen
Lösungsalternativen finden	Was hättest du auch machen können?	
Plan entwerfen	Möglichkeiten der Wiedergutmachung überlegen „das nächste Mal mache ich ..."	
Rückkehr	Rückmeldung an das Kind, Verabschiedung Feedback an den Klassenlehrer/Bezugserzieher	

51

Verhaltenspläne (s. S. 77) sind bei auffälligem Sozial- und Arbeitsverhalten eines Kindes eine wichtige Grundlage zur Reflexion, Dokumentation und Information. Sie erlauben eine engmaschige Begleitung des betreffenden Schülers. Vorfälle werden gemeinsam besprochen und schriftlich im Plan fixiert. Durch die Verwendung von Symbolen kann das Kind sich besonders gut einen Überblick bezüglich seines eigenen Verhaltens über einen bestimmten Zeitraum verschaffen. Aber auch den Eltern gegenüber liefert der Verhaltensplan wichtige Informationen über die Entwicklung ihres Kindes.

Verhaltenspläne, die über eine Woche ausgelegt sind, bieten die Möglichkeit, positives Verhalten zu belohnen (Tipp 94). ❯ Tipp 94 Setzen Sie zu Beginn der Woche gemeinsam mit dem Schüler ein Ziel, das es zu erreichen gilt (und das vor allem wirklich erreichbar ist), und sprechen Sie auch direkt mit ihm über eine Belohnung. Das kann eine gemeinsame Zeit sein, eine außerplanmäßige Teilnahme an einer begehrten AG, ein Privileg im Schulalltag, eine kleine Aufmerksamkeit oder ein vergleichbarer Wunsch. Dabei muss es natürlich zu einer Einigung kommen, wobei es durchaus vorrangige Aufgabe des Schülers ist, einen umsetzbaren und angemessenen Wunsch zu äußern.

Es geht nicht darum, unerwünschte Verhaltensweisen zu bestrafen, sondern kleinschrittige, erreichbare Ziele zu setzen, zu begleiten und möglichst erfolgreich abzuschließen. Unerlässlich ist dabei die Unterstützung der Eltern (Tipp 49). ❯ Tipp 49 Durch den täglichen Blick, den sie gemeinsam mit ihrem Kind in den Verhaltensplan werfen, und durch Gespräche über schulische Vorfälle sind Eltern ausführlich informiert; sie können die Einsicht mit einer Unterschrift kennzeichnen und bei Bedarf einen Gesprächstermin anfordern. Eine Belohnung durch die Eltern bei Erreichen von Zielen und vor allem die regelmäßige Begleitung sind wichtige Kriterien, die darüber entscheiden, ob die Begleitung mit einem Verhaltensplan scheitert oder gelingt.

Das Sozial- und Arbeitsverhalten des Kindes werden zusätzlich zu den Notizen im Verhaltensplan vom Lehrer genau dokumentiert. So können auch diese Verschriftlichungen als Grundlage für weitere Elterngespräche oder eine Förderkonferenz (Tipp 44) herangezogen werden. Eine fehlende Kooperationsbereitschaft seitens der Eltern sollte in diesen Besprechungen unbedingt thematisiert werden.

> Tipp 44

ARBEITSVERHALTEN FÖRDERN

52

> Tipp 51

Sofern kein auffälliges Sozialverhalten vorliegt (Tipp 51), kann sich ein Plan auch auf das Arbeitsverhalten beschränken (s. S. 77). Eine schwache Konzentrationsfähigkeit, ein extrem geringes Lerntempo, leichte Ablenkbarkeit oder das Fehlen einer grundsätzlich positiven Arbeitshaltung sind denkbare Faktoren, die den Einsatz eines Plans zum Arbeitsverhalten veranlassen können.

Ein solcher Plan dient dazu, Eltern den Arbeitseinsatz ihres Kindes zu veranschaulichen und ihr Vertrauen in ihr Kind und die Schule zu stärken (Tipp 25, 78).

> Tipp 25, 78

Ähnlich wie beim Verhaltensplan entscheiden erreichbare und gemeinsam formulierte Ziele und Belohnungen („Was möchtest du dir verdienen?"), die regelmäßige Begleitung durch Eltern in Form von Gesprächen und Unterschriften sowie die engmaschige Begleitung und Rückmeldung der Lehrkraft über Erfolge bzw. Fortschritte (Tipp 70, 84).

> Tipp 70, 84

Beispiel für einen Verhaltensplan

Name:	Das möchte ich mir verdienen:
Verhaltensplan	

Datum	Montag		Dienstag		Mittwoch		Donnerstag		Freitag	
	Kind	Lehrer								
1. Stunde										
2. Stunde										
Pause										
3. Stunde										
4. Stunde										
Pause – Freizeit – Mittagessen										
Übungszeit										
Bemerkungen										
Unterschrift der Eltern										

☺	Du hast deine Zeit zum Arbeiten gut genutzt.	☹	Du hast deine Zeit leider nicht gut genutzt.	☀	Du hast dich an die Regeln gehalten.	☁	Du hast dich nicht an die Regeln gehalten.

Beispiel für einen Plan zum Arbeitsverhalten

Name:	Das möchte ich mir verdienen:
Wie hast du deine Zeit genutzt?	

Datum	Montag		Dienstag		Mittwoch		Donnerstag		Freitag	
	Kind	Lehrer								
1. Stunde										
2. Stunde										
Pause										
3. Stunde										
4. Stunde										
Pause – Freizeit – Mittagessen										
Übungszeit										
Bemerkungen										
Unterschrift der Eltern										

☺	Du hast deine Zeit zum Arbeiten gut genutzt.	☺	Du kannst deine Zeit noch besser nutzen.	☹	Du hast deine Zeit leider nicht gut genutzt.

53

Machen Arbeits- oder Wochenpläne Sinn? Wir stellen das infrage (vgl. auch Peschel 2012 a/b). Es scheint zweifelhaft, ob der Nutzen von derartigen Plänen den mit ihrem Einsatz verbundenen Aufwand tatsächlich rechtfertigt. Grundsätzlich kann bei Wochenplänen nur von einer organisatorischen Öffnung von Unterricht gesprochen werden. Sowieso schon vorhandene Lehrgänge werden darin noch einmal mühevoll für die Schüler aufbereitet; aufgrund der aufwendigen Vor- und Nachbereitung leidet nicht selten die Lehrergesundheit darunter (Tipp 13).

❯ Tipp 13

In Einzelfällen können Arbeitspläne aber eine Unterstützung für Schüler darstellen (Tipp 70). Kinder mit Förderschwerpunkten können in offenen Unterrichtssettings überfordert sein und von einem Arbeitsplan profitieren. Tagesstruktur (Tipp 93), Tages- und Wochenziele sowie angemessene Arbeitsmaterialien können in einem guten Arbeitsplan veranschaulicht werden und so für die Kinder eine Orientierungshilfe im Schulalltag darstellen. Übergeordnetes Ziel darf dabei weiterhin sein, die Kinder so weit zu fördern, dass sie den Arbeisplan selbst erstellen können oder ihn irgendwann überhaupt nicht mehr benötigen.

❯ Tipp 70

❯ Tipp 93

Beispiel für einen Wochenplan

Chantals Pflichtaufgaben   Datum: _____

	Monag	Dienstag	Mittwoch	Donnerstag	Freitag
Pflichtaufgabe Mathe	Klick Mathematik Arbeitsheft 1 Seite __ ☐	☐	Klick Mathematik Arbeitsheft 1 Seite __ ☐	☐	Klick Mathematik Arbeitsheft 1 Seite __ ☐
Pflichtaufgabe Deutsch	Lesedosen 3 Dosen ☐	2 Karten ☐	Lesedosen 3 Dosen ☐	☐	Klick Arbeitsheft ☐

Gleich mal ausprobieren

Fotografieren Sie die wichtigsten Arbeitsmittel oder Übungsmaterialien für ein Kind und setzen Sie die Fotos nach Bedarf
in den Plan ein. Mithilfe dieser Bilder kann jedes Kind einen
derartigen Plan als Strukturhilfe nutzen.

WIEDERGUTMACHUNGEN LEISTEN

54

Streitigkeiten in Form von verbalen und handgreiflichen
Auseinandersetzungen sowie deren Klärungen sind Teil des
sozialen Lernens an der Schule (Tipp 50, 56). Nach Klärungsgesprächen findet oft eine mehr oder weniger einsichtige
Entschuldigung in mündlicher oder schriftlicher Form (Ent-
schuldigungsbriefe oder -bilder) statt. Eine richtige Wiedergutmachung kommt jedoch manchmal zu kurz. Helfen können dabei eine Wiedergutmachungsliste, die mit der Klasse
oder im Kinderparlament erstellt wird (Tipp 34).

❯ Tipp
50, 56

❯ Tipp 34

Beispiel für eine Wiedergutmachliste

Kettelerschule, Bonn 2012/2013

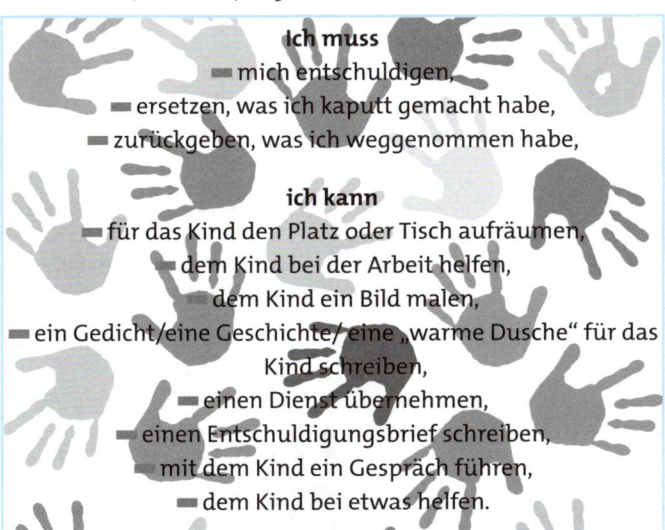

Ich muss
- mich entschuldigen,
- ersetzen, was ich kaputt gemacht habe,
- zurückgeben, was ich weggenommen habe,

ich kann
- für das Kind den Platz oder Tisch aufräumen,
- dem Kind bei der Arbeit helfen,
- dem Kind ein Bild malen,
- ein Gedicht/eine Geschichte/ eine „warme Dusche" für das Kind schreiben,
- einen Dienst übernehmen,
- einen Entschuldigungsbrief schreiben,
- mit dem Kind ein Gespräch führen,
- dem Kind bei etwas helfen.

55

Ein Streitschlichterprogramm ist ein kleiner Baustein im Rahmen der Gewaltprävention und Demokratieerziehung einer Schule. Schüler erlernen etwa im Rahmen einer AG Mediationstechniken, mit denen sie ihre Mitschüler beim Lösen kleinerer Konflikte im Schulalltag unterstützen können. Diese ausgebildeten Schüler heißen Streitschlichter. Meist führen Pädagogen das Streitschlichterprogramm durch, oft lassen sich aber auch ehrenamtliche Erwachsene im schulischen Umfeld für die Ausbildung der Streitschlich-

❯ Tipp 39 ter gewinnen (Tipp 39). Nutzen Sie ein Streitschlichterprogramm für Ihre Schule; es zahlt sich für die Verbesserung des Schulklimas aus.

Ehrenamtliche Erwachsene lassen sich im schulischen Umfeld gewinnen, so z. B. Eltern ehemaliger Schüler oder auch Erwachsene, die Initiativen gründen bzw. repräsentieren und in „ihrer Freizeit" Kinder unterstützen möchten.

Ausbildung zum Streitschlichter	
Schuljahresbeginn	Bewerbung + Auswahl der Streitschlichter
im Verlauf des Schuljahres	Ausbildung in Theorie (1 x wöchentlich)
	Ausbildung in Praxis (Begleitung der ausgebildeten Streitschlichter in den Pausen)
Schuljahresende	Überreichen der Streitschlichter-Urkunde vor der gesamten Schulgemeinde
	Zeugnisvermerk
regulärer Einsatz als Streitschlichter im kommenden Schuljahr	

SOS-Tipp

Mit einer farbigen Kappe oder Verkehrsschutzweste sind Streitschlichter und auch Aufsichten auf dem Schulhof viel einfacher zu erkennen.

Gleich mal ausprobieren

Gewinnen Sie in Ihrem Kollegium einen Pädagogen, der verantwortlich die Ausbildung der Streitschlichter mithilfe der älteren Streitschlichter übernimmt. So wird sichergestellt, dass in jedem Schuljahr ausgebildete Streitschlichter zur Verfügung stehen.

Auf dem deutschen Bildungsserver (vgl. Deutsches Institut für Internationale Pädagogische Forschung 2016) finden Sie viele Anregungen und Arbeitsmaterialien zum Thema Streitschlichtung und Mediation.

STÖRUNGEN HABEN VORRANG

56

Jeder Streit und jedes Problem ist ernst zu nehmen und sollte geklärt werden. Ungelöste Konflikte ziehen oftmals weitere Streitigkeiten nach sich und nehmen gar an Intensität zu. Um kleinere Probleme zu „verwalten", nutzen Sie das Klassenratsbuch (Tipp 35). Durch einen Eintrag ist sichergestellt, dass das jeweilige Problem im Klassenrat thematisiert wird. Oftmals ist durch diese Verschriftlichung und Veröffentlichung des Problems der ersten Wut und Empörung erst einmal Genüge getan und die Gemüter beruhigen sich. Wird im Klassenrat der Eintrag verlesen, ist die Angelegenheit dann schon viel weniger brisant und die Kinder können das Problem untereinander schnell klären – vorausgesetzt sie haben das Vertrauen, dass ungelöste Konflikte gemeinschaftlich im Klassenrat geklärt werden können. Das Kind, das den Eintrag vorgenommen hat, darf entscheiden, ob das Problem gelöst ist oder nicht.

❯ Tipp 35

Über ernste Vorfälle muss natürlich direkt beraten werden

▶Tipp 58 (Tipp 58). Gemeinsam mit der Klasse können in Form eines kurzen außerplanmäßigen Klassenrates Ideen zur Lösung oder zur Wiedergutmachung eines Problems gesammelt und beschlossen werden, bevor der „eigentliche" Unterricht

▶Tipp 54 fortgeführt wird (Tipp 54). Das Ausweichen der am Problem beteiligten Kinder in einen anderen Raum, mit oder ohne Begleitung eines Erwachsenen, ist manchmal hilfreich und schützt unbeteiligte Kinder vor weiterem „Unterrichtsaus-

▶Tipp 50 fall" (Tipp 50).

Achtung!

Nach Möglichkeit soll ein Zusammenhang zwischen einem Problem und der Konsequenz bestehen. Beachten Sie außerdem, dass Kinder manchmal durchaus dazu neigen, drakonische Strafen für andere Kinder zu verhängen. Ein Perspektivwechsel kann in diesem Fall hilfreich sein, eine Konsequenz zu finden, die angemessener erscheint.

EINEN WOHLFÜHLPLAN VERWENDEN

57

▶Tipp 51, 52

Abgesehen vom Arbeits- und Sozialverhalten (Tipp 51, 52) kann auch das persönliche Befinden eines einzelnen Schülers im Mittelpunkt eines Plans stehen. Manchmal überlagern vereinzelte oder kleinere Probleme die vielen guten Vorkommnisse und lassen einen eigentlich netten Tag schlecht erscheinen. Ein Wohlfühlplan kann helfen, dies deutlich zu machen. In diesem Plan werden angenehm erlebte Unterrichtsstunden oder Pausen per Smiley gekennzeichnet. Dadurch sind sie schriftlich fixiert und können in Relation zur Häufigkeit von Streitigkeiten oder Problemen gesetzt werden. Nicht nur für den Schüler kann so eine wichtige Wahrnehmungshilfe geschaffen werden, sondern auch für Eltern, die sich aufgrund möglicherweise einseitig negativer Erzählungen ihres Kindes große Sorgen über dessen Wohlergehen machen.

Beispiel für einen Wohlfühlplan

Name: Wie war dein Tag? WIe war deine Woche?					

Datum	Montag	Dienstag	Mittwoch	Donnerstag	Freitag
1. Stunde 2. Stunde					
Pause					
3. Stunde 4. Stunde					
Pause Freizeit Essen					
Übungszeit					
Freizeit					
Das war heute gut!					
Das war nicht gut!					

MIT BELEIDIGUNGEN UND BESCHIMPFUNGEN UMGEHEN

58

Handgreiflichkeiten einem Pädagogen gegenüber sind inakzeptabel und müssen zu ernsten Konsequenzen führen. In einem Gespräch mit den Eltern können das Führen eines Verhaltensplans (Tipp 51), ein Ausschluss aus der Klasse und zeitweise Unterricht in einer anderen Klasse oder ein zeitweiliger Schulausschluss mögliche Konsequenzen sein (Tipp 49). Auch die schulische Wiedereingliederung in Begleitung eines Elternteils oder eine Kurzbeschulung sind Möglichkeiten, den Schulfrieden zu schützen oder wiederherzustellen.

❯ Tipp 51

❯ Tipp 49

Bei Beleidigungen oder Beschimpfungen ist Fingerspitzengefühl gefragt. Eine Entschuldigung oder anderweitige Konsequenzen müssen selbstverständlich sein. Ob aber ein Kind erst einmal einen Freiraum und Zeit benötigt, um „wieder runterzukommen" und dann gesprächs- und klärungsbereit zu sein, oder ob ein klares Zeichen gesetzt werden muss, dass Beleidigungen nicht zum Klassenleben gehören, ist von vielen Faktoren abhängig. Einem Kind mit hohen sozialen und emotionalen Lernbedarfen muss anders begegnet werden als vielleicht einem Erstklässler, der Grenzen austesten möchte und sich einmal im Ton vergreift. Für alle Kinder und Erwachsene muss allerdings transparent sein, dass Beschimpfungen selbstverständlich nicht in die Schule und die Klasse gehören und deren Verwendung von Konsequenzen begleitet wird (Tipp 9).

❯ Tipp 9

KINDESWOHLGEFÄHRDUNG ERKENNEN

59

Damit ein Kind den Mut fassen kann, sich einem Pädagogen gegenüber zu öffnen, muss natürlich ein Vertrauensverhältnis vorhanden sein. Wichtige Werte – wie Offenheit, Wertschätzung oder Gleichberechtigung – in der Schule gemeinsam zu leben, gewinnt vor diesem Hintergrund nochmals an Bedeutung.

Besteht die berechtige Sorge, dass ein Kind im Elternhaus nicht kindgemäß behandelt und versorgt wird, kann und muss manchmal die Anzeige einer Kindeswohlgefährdung folgen. Als Erscheinungsformen der Kindeswohlgefährdung gelten:

- Vernachlässigung,
- Erziehungsgewalt und Misshandlung,
- sexualisierte Gewalt,
- häusliche Gewalt und Partnerschaftsgewalt.

Zusätzlich zum Austausch im Kollegium und mit der Schulleitung empfehlen sich eine Beratung mit dem Schulamt und die Kontaktaufnahme mit dem Kinderschutzbund oder dem Jugendamt (Tipp 42). Auf diesem Weg können auch familienbegleitende und -unterstützende Maßnahmen durch einen Sozialarbeiter eingeleitet werden, um wichtige außerschulische Erziehungshilfen für den Familienalltag zu gewährleisten.

❯ Tipp 42

Die Feststellung einer Kindeswohlgefährdung ist oft nicht eindeutig und von der Schule nicht alleine zu leisten. Die Dokumentation von Auffälligkeiten (verschimmeltes Frühstück, blaue Flecken, Gestank nach Urin o. Ä.) sind neben Protokollen von Elterngesprächen wichtige Übersichten und Entscheidungshilfen. Ob Handlungsbedarf, z. B. in Form einer Inobhutnahme, besteht, müssen Experten vom Jugendamt klären (Tipp 46).

❭ Tipp 46

Unter folgender Webadresse finden Sie gute und hilfreiche Informationen zu dieser Thematik: http://www.kinder schutz-in-nrw.de

60

Manches Mal nimmt die Klärung einer Unterrichtsstörung mehr Zeit und Raum ein als das Problem selbst. Das einfache Ignorieren oder Beweisen von Humor sind Alternativen zum Maßregeln, Schimpfen und Ermahnen; welche Reaktion wann passt, ist sicherlich stark von der Lehrerpersönlichkeit abhängig. Wichtig ist sich zu vergegenwärtigen, dass man als Lehrer mit seinen Kräften haushalten und dazu gewisse Spielräume nutzen muss, die es durchaus gibt. Wählen Sie auch in Abhängigkeit der Stärken und Schwächen einzelner Kinder gezielt aus, bei welchem Fehlverhalten Sie sich einschalten und bei welchem nicht.

Gleich mal ausprobieren

Tauschen Sie sich mit Ihren Teampartnern über deren Wahrnehmung von Konflikten und ihren Folgen aus (Tipp 18, 19, 32). Bestimmen Sie eine klare gemeinsame Strategie zum Umgang mit bestimmten Problemen (z. B. Ignorieren eines Schülerbeitrags bei Missachtung der Gesprächsregeln). Verlieren Sie Sinn, Nutzen und Verhältnismäßigkeit von Konsequenzen nicht aus den Augen!

❭ Tipp 18, 19, 32

Emotionsarbeit, die Auseinandersetzung mit den eigenen Gefühlen, ist eine Kernkompetenz von Pädagogen und Gegenstand lebenslangen Lernens. Emotionale Kompetenz ist im Umgang mit sich selbst und in der Interaktion mit Schülern sehr bedeutsam. Insofern tut eine bewusste, regelmäßige Auseinandersetzung dazu gut. Eine einfache Checkliste wie die folgende kann Ihnen dabei als Hilfe dienen. Sie können sich auch mit einem Ihrer Kollegen dazu austauschen.

Checkliste für die praktizierte Qualität der Emotionsarbeit zum Auffinden von Stärken und von Trainingsbedarf

Aus: Sieland/Pfeiffer 2008 auf IQES online, Tabelle 27, Seite 57

Pädagogische Aufgabe Wie gut können Sie, wenn nötig auf Abruf …	Beispiel	Meine Fähigkeit = x Urteil eines Kollegen = o
… positive Emotionen fühlen, zeigen und vermitteln?	Freundlichkeit	gering 1 — 2 — 3 — 4 — 5 sehr gut
… negative Emotionen fühlen, zeigen und vermitteln?	Betroffenheit	gering 1 — 2 — 3 — 4 — 5 sehr gut
… Neutralität und Gelassenheit fühlen, zeigen und bewirken?	sachlich und ruhig bleiben	gering 1 — 2 — 3 — 4 — 5 sehr gut
… eigene Gefühle umkehren?	trotzdem freundlich sein	gering 1 — 2 — 3 — 4 — 5 sehr gut
… Gefühle der Mitmenschen sensibel registrieren?	Achtsamkeit: Störungen haben Vorrang	gering 1 — 2 — 3 — 4 — 5 sehr gut
… an Gefühlen der Mitmenschen Anteil nehmen?	Mitgefühle spüren, zeigen	gering 1 — 2 — 3 — 4 — 5 sehr gut
… Humor erleben, zeigen, bewirken?	gemeinsam lachen	gering 1 — 2 — 3 — 4 — 5 sehr gut

BELANGE DER ERWACHSENEN BERÜCKSICHTIGEN

61

Bei der Inklusion geht es grundsätzlich darum, dass Menschen mit unterschiedlichen Stärken und Schwächen an Schule und Gesellschaft selbstverständlich teilhaben und sich wohlfühlen. Das muss natürlich nicht nur für die Kinder, sondern auch die Erwachsenen gelten.

Stellen Sie daher nicht nur die Belange der Kinder in den Mittelpunkt von Arbeitsgruppen und Konferenzen, sondern auch die Lehrer- bzw. Mitarbeitergesundheit, kollegiale Beratungen, Kollegiumsausflüge, das Vertretungskonzept usw. (Tipp 13, 32). Die Möglichkeit der Teilhabe wird von Schulleitung und Kollegium wünschenswerter Weise demokratisch gestaltet.

Kollegialen Zusammenhalt fördern

❯ Tipp 13, 32

SICH FREIZEIT GÖNNEN

62

Sicherlich kennen auch Sie das Gefühl oder den Gedanken, dass es immer noch dies oder jenes zu tun gibt. „Ich muss die Zeugnisse bald abgeben ...", „Das Arbeitsmaterial muss noch erstellt werden ...", „Ich muss Kollegin x noch unbedingt fragen ..."

Machen Sie einfach mal Schluss und gönnen Sie sich etwas! Sie haben es sich verdient und werden die Welt oder einen einzelnen Schüler nicht retten oder ins Unglück stürzen, wenn Sie an Ihre Gesundheit denken und mal ein Wochenende nichts für die Schule tun, sondern Spaß und Entspannung vorziehen. Werden Sie krank, sind zum einen natürlich hauptsächlich Sie der Leidtragende, zum anderen hat aber auch sonst niemand mehr etwas von Ihrer Expertise.

Das Thema Lehrergesundheit darf nicht an letzter Stelle stehen und sollte durchaus zu den Themengebieten zählen, denen sich eine Schulleitung und ein Lehrerrat mit besonderer Aufmerksamkeit widmen (Tipp 13). Die Erstellung eines gerechten Vertretungskonzeptes sowie eine faire Verteilung von Entlastungsstunden können neben einer kritischen Re-

Für sich selbst sorgen

❯ Tipp 13

flexion von Abläufen und Arbeitsverteilungen eine professionelle Herangehensweise darstellen, um Mitarbeiter wertzuschätzen und gesund zu erhalten (Tipp 30).

❯ Tipp 30

BEGABUNGEN FÖRDERN

63

Die inklusive Schule wird zumeist mit der Einbeziehung von Kindern mit sonderpädagogischem Förderbedarf in Verbindung gebracht. Allerdings ist inklusive Beschulung umfassender gemeint: Es geht darum, *alle* Kinder in den Blick zu nehmen. Dazu gehören auch Kinder mit besonderem leistungsbezogenem Entwicklungspotenzial. Für das frühzeitige Erkennen von Begabungen kommt neben der Einschulungsdiagnostik vor allem dem Kindergarten eine Schlüsselposition zu. Je besser die Kooperation mit den vorschulischen Einrichtungen verläuft, desto besser kann sich die Schule auf den Einstieg von Kindern mit besonderen Fähigkeiten im sprachlichen, mathematischen, sozialen, sportlichen oder künstlerischen Bereich einstellen (Tipp 99). Besonders begabte Kinder zeichnen sich durch ein weit überdurchschnittliches Lernvermögen aus, sie sind häufig sehr motiviert und wissbegierig. Begegnen Sie solchen Kindern mit entsprechender Anregung, damit sie ihre Potenziale entfalten können. Wie alle anderen Kinder auch, benötigen diese Schüler Ihre Unterstützung und Herausforderung. Angebote sollten zum Begabungsniveau passen. Auch begabte Kinder müssen lernen und üben, aber auf einem höheren Niveau. Genauso wie jedes andere Kind benötigen sie Aufgaben, die sie herausfordern und an denen sie wachsen können. Das selbstständige Lernen (Tipp 79), kooperative Lernformen (Tipp 80) oder das Projektlernen (Tipp 68) eignen sich im besonderen Maße als Unterrichtsmethoden, damit diese Kinder ihrem Schwierigkeitsniveau entsprechend Aufgaben auswählen und bearbeiten können (Tipp 70).

❯ Tipp 99

Starke Kinder nicht vergessen!

❯ Tipp 79, 80
❯ Tipp 68

❯ Tipp 70

Achtung!

Die Problematik des *underarchivement* wird häufig unterschätzt. Kinder, die nicht ihrem Entwicklungsstand angemessen gefordert werden, entwickeln oftmals eine Lernproblematik und Verhaltensauffälligkeiten.

Laut wissenschaftlicher Forschung werden Begabungen bei Kindern mit Migrationhintergrund und bei Mädchen wesentlich seltener wahrgenommen. Schärfen Sie also Ihren Blick besonders in Bezug auf diese Kinder.

UNTERRICHT INKLUSIV GESTALTEN

Für die inklusive Gestaltung von Unterricht existieren wichtige Kriterien:

- **Öffnung von Unterricht:** Die Öffnung des Unterrichts gestattet es Kindern, auf unterschiedlichem Niveau an individuellen Lernzielen zu arbeiten und ihren Lernweg entscheidend mitzugestalten (Tipp 69).

❯ Tipp 69

- **Individualisierung:** Jedes Kind lernt in eigenem Lerntempo an eigenen Inhalten und erhält vom Lehrer die dafür benötigten individuellen Hilfestellungen durch geeignete Übungsmaterialien oder Aufgabenstellungen (Tipp 70).

❯ Tipp 70

- **Etablierung einer Lernkultur:** Die Zeit in der Schule wird zum Lernen genutzt. Eine ansprechende Arbeitsatmosphäre in Abhängigkeit der Sozialform muss eingehalten werden. Diese Vorgaben müssen gelebt, eingefordert und hochgehalten werden (Tipp 91, 97)!

❯ Tipp 91, 97

- **Transparenz:** Das gemeinsame Handeln, Leben und Lernen in der Klassengemeinschaft wird transparent gestaltet. Offenheit, Austausch und Mitbestimmungsmöglichkeiten werden gelebt. Tagesablauf und Unterrichtssequenzen sind für die Kinder nachvollziehbar strukturiert (Tipp 93).

❯ Tipp 93

- **Begegnung auf Augenhöhe:** Gegenseitiger Respekt, Wert-

❯ Tipp 14, 65

schätzung und Freundlichkeit zeichnen den Umgang zwischen allen Menschen in der Schule aus (Tipp 14, 65).

Ein positives Klassenklima schaffen

Didaktische Planungshilfen

Durch bestimmte Handlungen können Sie für eine angenehme Lernatmosphäre sorgen. Hier finden Sie eine Sammlung von Ideen, die alle insgesamt zu einem positiven Klima in der Klasse und in der Schule beitragen (in Anlehnung an Brüning/Saum 2010).

Gleich mal ausprobieren

Umgangsformen
- Schüler mit Namen ansprechen
- Tür aufhalten
- Anerkennung durch Applaus zeigen
- Ruhe herstellen, wenn andere Kinder reden
- gemeinsam Tee trinken
- sich bedanken
- sich vorstellen lernen
- Blickkontakt herstellen
- sich im Gang begrüßen

Unterrichtsbeginn und -ende

❯ Tipp 75
- offener Anfang für kurze Gespräche mit Schülern (Tipp 75)
- persönliche Begrüßung mit Augenkontakt und Handschlag
- Morgenritual: Kreisrunde mit Lied, Begrüßung, Tagesplan

❯ Tipp 93
- (Tipp 93)
- Schlussrunde am Tag
- Verabschiedung der ganzen Klasse

Feedback
- vorbereitete Textkarten für Schülerfeedback
- Lob bewusst in einem speziellen Buch notieren
- gute Arbeit belohnen: z. B. den Unterricht einmal früher beenden

- Schüler schreiben Zeugnisse für die Lehrer
- positives Feedback von Kollegen an die Klasse/den Schüler weitergeben
- am Ende einer Einheit Fotos von den Unterrichtsaktivitäten ausstellen

Umgang mit Problemen
- Ruhe bewahren und mit zeitlichem Abstand klären (Tipp 56)
- Belobigungssystem einführen (Tipp 94)
- abwertende Kommentare von Schülern unterbinden
- deutlich artikulieren, welches Verhalten man sich wünscht
- sich für eigene Fehler entschuldigen
- zynische Bemerkungen unterlassen

❯ Tipp 56
❯ Tipp 94

ZWEI GRUNDREGELN EINFÜHREN

66

Für offene Unterrichtssettings haben sich die beiden folgenden Grundregeln bewährt:
1. Die Unterrichtszeit wird zum Lernen genutzt.
2. Jeder hat das Recht, ungestört zu lernen.

Während die Arbeitsruhe in Abhängigkeit von Sozialform und Unterrichtsgeschehen natürlich variieren kann, ist der erste Punkt unstrittig. Formulieren Sie ihn als Leitphrase einer Lernkultur und fordern Sie konsequent seine Einhaltung ein (Tipp 97).

❯ Tipp 97

JAHRGANGSÜBERGREIFENDES LERNEN ETABLIEREN

67

Jahrgangsübergreifendes Lernen und Inklusion weisen wichtige Passungen auf. Es gibt kein Sitzenbleiben mehr. Kinder können ein drittes Jahr in der Schuleingangphase nutzen, ohne ihre Lerngruppe verlassen zu müssen (Tipp 99). Jedes (!) Kind kann so im Laufe der Grundschulzeit verschie-

❯ Tipp 99

dene Rollen ausprobieren und entwickelt sich von einem hilfsbedürftigeren Schulneuling in einen erfahrenen Helfer. Kein Kind ist auf eine Rolle festgelegt, beispielsweise das ewige Schlusslicht und über Jahre auf Hilfe anderer Kinder angewiesen. Durch eine existierende Stammgruppe, die jedes Jahr bestehen bleibt, werden Abläufe, Regeln und Strukturen selbstverständlich erhalten und den Schulneulingen von Anfang an vorgelebt (Tipp 77). Auf dieser Grundlage können Sie ohne lange Vorlaufzeit die Schwerpunkte auf fachliche Inhalte setzen. Alles, was in eine jahrgangsübergreifende Lerngruppe hineingebracht und dort gepflegt wird, hat über Jahre hinweg Bestand, verändert sich aber gleichzeitig auch mit jedem Wechsel der Gruppenzusammensetzung. Unter den Kindern werden nicht nur Regeln und Strukturen tradiert, sondern auch methodische Kompetenzen und inhaltliche Aspekte (Tipp 80).

Jedes Kind kann mit seinen individuellen Stärken und Schwächen an seinen individuellen Zielen in Ruhe arbeiten, ohne einem Gleichschritt folgen zu müssen. Individuelles Lernen findet statt (Tipp 70)!

> Tipp 77

> Tipp 80

> Tipp 70

PROJEKTARBEIT ANBIETEN

68

Projektarbeit zeichnet sich durch besondere Motivation der Kinder aus und kann vergleichsweise einfach initiiert werden. Lassen Sie die Kinder zu frei wählbaren Themen oder zu Unterthemen zu einem Oberbegriff nach eigenen Vorlieben entscheiden, was genau sie erarbeiten möchten. Ziehen Sie bei den anschließenden Gruppenarbeiten die Kinder aktiv in die Informations- und Materialbeschaffung ein und unterstützen Sie sie gegebenenfalls dabei.

Projekte können musischen, künstlerischen oder forschenden Charakter haben und alle Fächer einbeziehen. Verschiedene Lerntypen werden angesprochen und die Kinder arbeiten in verschiedenen Sozialformen mit großer Freude und Einsatzbereitschaft (Tipp 79).

> Tipp 79

Gleich mal ausprobieren

Einen einfachen Einstieg in die Projektarbeit können Sie über die Gestaltung von Lernplakaten in Gruppen finden (Tipp 74). Ihnen fällt kein gutes Thema ein? Dann lassen Sie die Kinder entscheiden!

❯ Tipp 74

Hat die Projektarbeit beim ersten Mal nicht gut geklappt und waren die Kinder beim Recherchieren und Verarbeiten von Informationen sehr unterstützungsbedürftig? Dann haben sie viel gelernt und sollten (kennen)gelernte Kompetenzen und Methoden in Form eines Lernplakates verschriftlichen und illustrieren. Wichtige Kriterien für ihre Arbeit und für Präsentationen haben sie visualisiert. Das liefert ihnen eine gute Grundlage für die nächste Projektarbeit.

Beispielhaft für den Sachunterricht lässt sich Projektarbeit in sogenannten „Forscherzeiten" verwirklichen. Alle Kinder lernen jahrgangsübergreifend voneinander und miteinander! Die vielfältigen Materialangebote, die Forscherbücherei und das Internet inspirieren die Kinder, sich eigenständig sowie nach eigenem Interesse Forscherthemen zu wählen. Sie lernen hoch motiviert in Teams, recherchieren, experimentieren, dokumentieren und erwerben dabei methodische Kompetenzen. Ein organisatorischer Rahmen (Forscherwand und -regeln) strukturiert das selbstständige Arbeiten, das von Ihnen begleitet wird. Die Kinder lernen durch ihre Präsentationen voneinander und schulen wichtige Forscherkriterien regelmäßig. Der Sachunterricht gewinnt eine inhaltliche Öffnung und eine außerordentliche Themenvielfalt!

Projektarbeit in „Forscherzeiten"

DEN UNTERRICHT ÖFFNEN

69

Durch die Öffnung von Unterricht ermöglichen Sie den Kindern, ihr Lernen selbst in die Hand zu nehmen, d.h. sich eigenverantwortlich und selbstständig Lernziele zu setzen, diese zu verfolgen und zu erreichen.

Individuelles Lernen in einer vorbereiteten Lernumgebung

bedeutet, dass das Kind in seinem eigenen Tempo und auf eigene Art und Weise Lernfortschritte erarbeitet. Frustrationen und Wettbewerb werden deutlich gemindert und weichen einer Lernkultur, in der unterschiedliche Stärken und Schwächen als Bereicherung empfunden werden. Barrieren werden abgebaut und weichen Wertschätzung und Toleranz. Damit entwickeln sich wichtige gesellschaftliche Perspektiven und persönliche Kompetenzen, die dringend benötigt werden, um Inklusion in der Gesellschaft zu verankern.

Für Sie als Lehrer gilt es, Kinder flexibel und möglichst individuell zu begleiten und zu unterstützen. Mitbestimmungsrechte am eigenen Lernen und an der Gestaltung des Klassenlebens machen demokratische Prozesse frühzeitig

❯ Tipp 34

erfahrbar (Tipp 34) und stiften Sinn und Motivation. Echte Teilhabe wird von den Kindern erfahren, wertgeschätzt und verinnerlicht.

Der Sachunterricht eignet sich hervorragend, um den eigenen Unterricht sukzessive inhaltlich zu öffnen und Kindern Möglichkeiten zu bieten, eigene Themen zu bestimmen. Durch eine einleitende Unterrichtseinheit über Lernplakate erhalten die Kinder eine Gestaltungsmöglichkeit für die Ver-

❯ Tipp 68, 74

arbeitung selbst gewählter Themen (Tipp 68, 74). Jedes Kind darf mitbestimmen, jedes Kind muss Verantwortung übernehmen, jedes Kind darf präsentieren, Wertschätzung und Kritik erfahren. Jedes Kind darf teilhaben! Modelle aus Kaffeerührstäben, Lego, Fischertechnik, Knetmasse oder Pappmaschee und allen anderen möglichen Materialien sind denkbare handlungsorientierte Lernprodukte eines offenen Sachunterrichts. Experimente und außerschulische Aktivitäten stellen weitere wichtige Bausteine dar. Der Erwerb und das Üben sprachlicher und mathematischer Kompetenzen beim Forschen erfahren durch eigeninitiierte und motivierte Anwendung eine Sinnhaftigkeit und Notwendigkeit. Ausstrahlend auf die Fächer Deutsch und Mathematik können Lernstandserfahrungen und -beobachtungen im Sachunterricht gesammelt werden und individuelle sprachliche bzw. mathematische Förderungen und Forderungen im entsprechenden Fachunterricht nach sich ziehen. Zwei wichtige Kriterien für die Öffnung von Unterricht seien hier genannt:

- Vertrauen Sie in die Kinder, eigenständig lernen zu wollen und zu können!
- Schaffen Sie eine ansprechende Lernumgebung sowie eine wertschätzende und ruhige Arbeitsatmosphäre!

Um die Ecke gedacht

Einen guten Überblick bietet Falko Peschel (2012 a/b) in seinen Veröffentlichungen zum Thema offener Unterricht.

INDIVIDUELLES LERNEN ERMÖGLICHEN

70

Kinder haben zweifelsohne individuelle Lernbedarfe, individuelle Lernvoraussetzungen sowie individuelle Stärken und Schwächen. Durch die Öffnung von Unterricht (Tipp 69) können sie in ihrer Individualität ernst genommen werden und dürfen individuell lernen (vgl. Brügelmann 1997). Als erste Grundlagen individuellen Lernens können Lerntagebücher genutzt werden, in denen die Kinder ihre Arbeitsfortschritte dokumentieren. Die Lernprodukte der Kinder liefern bestmögliche Gesprächs- und Entscheidungsgrundlagen für weiterführende Arbeitsabsprachen zwischen Lehrer und Kind. Ein freier Test bietet vielfältige Gesprächsanlässe, wie z.B. die Einhaltung der Lineatur, die Groß- und Kleinschreibung oder andere Rechtschreibphänomene, grammatikalische Aspekte, die Verwendung von Satzzeichen u.v.m. Anhand eines eigenen Lernproduktes können Übungsbedarfe anschaulich besprochen und weitere Aufgaben und Lernziele vereinbart werden. Kritikfähigkeit, Verantwortungs- sowie Anstrengungsbereitschaft sind wichtige Eigenschaften, die durch diese Arbeitsweise geschult werden. Lernzeiten werden optimalerweise so gestaltet, dass sich kein Kind mit Aufgaben oder Arbeitsblättern beschäftigen muss, die es unter- oder überfordern und die nur

> Tipp 69
Jedes Kind
ist anders!

erledigt werden sollen, weil „dieses Thema gerade dran ist“.

Kindern mit Förderbedarf kann es eine Hilfe sein, wenn sie als Strukturhilfe einen Wochenplan vom Lehrer bekommen, in dem erreichbare Ziele gemeinsam vereinbart und reflektiert werden (Tipp 53). Arbeitsabsprachen mit allen Kindern sind wichtig, um immer wieder Ziele zu setzen und auch über deren Erreichbarkeit zu sprechen bzw. diese im Rahmen einer Lernentwicklung zu erproben.

> Tipp 53

DIE VERÄNDERTE LEHRERROLLE ANNEHMEN

71

Im Rahmen der Inklusion wandelt sich Ihre Rolle als Lehrer zu einem Lernbegleiter und Organisator, der im Team mit unterschiedlichen Professionen agiert. Es geht fortwährend darum, Kindern individuelle Lernangebote zu machen, das Lernen zu begleiten und zu dokumentieren.

Zu einer optimalen Lernbegleitung aller Kinder tragen folgende Komponenten maßgeblich bei:

- eine vorbereitete Arbeitsumgebung mit Materialien, die sich für eine vorwiegend selbstständige Auseinandersetzung mit den wichtigsten Inhalten eignen (Tipp 72),

> Tipp 72

- Dokumentationshilfen für unterrichtliche Beobachtungen,
- anerkannte diagnostische Testverfahren (Tipp 88),

> Tipp 88

- offene Aufgabenstellungen (Tipp 83)

> Tipp 83

- Teamteaching bzw. die selbstverständliche Kooperation unterschiedlicher Professionen (Grundschullehrer, Sonderpädagoge, Erzieher, Sozialpädagoge) (Tipp 16)

> Tipp 16

Von besonderer Bedeutung aber sind das Vertrauen in die Kinder, weitgehend selbstständig lernen zu wollen und zu können, sowie Ihre Bereitschaft, als Lehrer immer wieder neue Chancen bzw. neue Vertrauensvorschüsse zu geben.

Ein Minimalcurriculum weist den kleinsten gemeinsamen Nenner von inhaltlichen und methodischen Zielen an einer Schule auf. Es schafft einerseits Verbindlichkeiten, andererseits Freiräume für unterschiedliche Lerngruppen und Lehrerpersönlichkeiten.

Durch kompetenzorientierte Lehrpläne ergeben sich inhaltliche Spielräume. Die konsequente Schulung von Kompetenzen und Methoden erlaubt den Kindern, Fertigkeiten an selbst gewählten Inhalten kennenzulernen, zu üben und zu festigen. Inhaltliche Mitbestimmung zeichnet sich zudem meist durch hohe Motivation aus.

Beispiel: Arbeitsgrundlage für eine minimalcurriculare Übersicht im Fach Deutsch für die Schuleingangsphase

	Lesen und Schreiben	Sprache untersuchen	Dokumentation der Lernentwicklung und Lernzielkontollen/Tests
1	▬ Anlauttabelle kennen ▬ Silben und Wörter lesen ▬ Wörter und erste Sätze schreiben ▬ Anbahnung erster Rechtschreibkenntnisse	▬ erste Konzepte/erste Vorstellungen entwickeln von – Namenwörtern – Tuwörtern – Wiewörtern – Sätzen ▬ mündliche Teilnahme an oben genannten Themen	▬ Abeit an der Leselernlandkarte beginnen
2	▬ Sätze und erste kleine Texte lesen ▬ Laute und Anlauttabelle schreiben können ▬ Groß- und Kleinschreibung anbahnen	▬ Nomen, Verben und Adjektive bestimmen und benennen	▬ Leselernlandkarte abschließen ▬ Arbeit am Bücherregal beginnen ▬ Arbeit am Geschichtendorf beginnen

Gleich mal ausprobieren

Werfen Sie inhaltlichen Ballast über Bord! Erarbeiten Sie mit Ihren Kollegen einen kleinsten gemeinsamen Nenner bei einem Fach. Das könnte ein erster Schritt zu einem Minimalcurriculum an Ihrer Schule und Thema einer Fachkonferenz sein. Eine kleine Arbeitsgruppe entwickelt dieses über das Schuljahr konsequent weiter und stimmt dabei immer wieder im Kollegium das weitere Vorgehen ab. Gemeinschaftliche Arbeitsergebnisse entstehen und werden von allen Beteiligten mitgetragen (Tipp 9, 15, 87).

❯ Tipp 9, 15, 87

CLUSTER EINSETZEN

73

❯ Tipp 63, 68, 80

Clustern Sie regelmäßig mit den Kindern! Cluster oder Mind-Maps bieten Ihnen im Unterricht vielfältige Nutzungsmöglichkeiten:

Beim Forschen können Vorwissen und Fragen notiert werden (Tipp 63, 68, 80). Erste Skizzen oder Materiallisten für Projekte können entstehen und als Planungshilfe für die weitere Arbeit herangezogen werden. Cluster lassen sich zudem als Ideensammlung für eine Geschichte verwenden. Kinder, die noch nicht schreiben können, dürfen Cluster bebildern. So können sie an der Planung eines Forscherprojektes teilhaben oder sich mithilfe von Bildern auf einem Cluster eine kleine Erzählhilfe gestalten, während die Kinder, die bereits schreiben können, einen Text verfassen. Im Fremdsprachenunterricht können Wörter zur Übersetzung gesammelt werden.

Cluster sind überall einsetzbar, wo eine Planungshilfe oder Ideensammlung hilfreich erscheint. Jedes Kind kann ein Cluster erstellen oder Beiträge leisten: mit Strichzeichnungen, Bildern, Wörtern, Sätzen oder Fragestellungen. Richten Sie eine Ablage mit Schmierpapier ein, auf die Kinder bei Clusterbedarf zugreifen können.

Lernplakate eignen sich hervorragend als Ergebnis bzw. Produkt einer selbstständigen Auseinandersetzung mit einem Thema. Ähnlich wie bei Clustern (Tipp 73) gibt es vielfältige Darstellungsmöglichkeiten: Liegt der Schwerpunkt auf Bildern, werden diese mit Wörtern bzw. ganzen Sätzen beschriftet oder passende Anlaute für die Abbildungen gesucht. Von Pokémon über Gorillas oder Türkei bis zu Fragen wie „Wie bekommt man ein Baby?" ist einfach alles möglich, was Kinder interessiert. Der Detailreichtum, der über ein offenes Arbeiten mit Lernplakaten entsteht, ist so facettenreich, dass Sie dabei vieles mit den Kindern zusammen lernen und erfahren dürfen (Tipp 64, 69).

❯ Tipp 73

❯ Tipp 64, 69

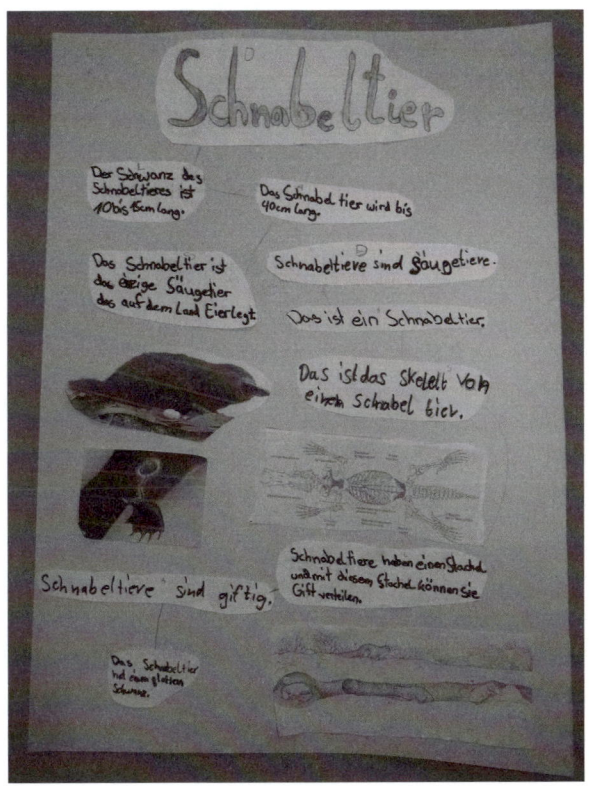

Gleich mal ausprobieren

❯ Tipp 90
Richten Sie sich eine Forscherbücherei bzw. Sachbücherei und wenn möglich mehrere Computerarbeitsplätze mit Internet ein (Tipp 90), um Sachwissen über Suchmaschinen und Bücher erfahrbar zu machen

Um die Ecke gedacht

❯ Tipp 40
Viele Firmen und Institutionen (z. B. Sparkassen, Universitäten, Arztpraxen) tauschen ihre Computer ab und zu aus und verschenken die alten Geräte (Tipp 40).
Sachbuchsammlungen können bei Internetanbietern manchmal recht günstig ersteigert werden und den Grundstock für eine neu eingerichtete Forscherbücherei bilden.

OFFEN ANFANGEN

75

❯ Tipp 76
Ein offener Anfang des Schultags am Morgen ermöglicht allen Kindern, in Ruhe in der Schule anzukommen und den Tag nicht schon gehetzt zu beginnen (Tipp 76). Ein Zeitfenster von zehn bis dreißig Minuten zum Schulstart entzerrt das Ankommen der Kinder und bietet zudem zahlreiche Gelegenheiten, vorbereitende Dinge für den Tag gemeinsam mit ihnen zu erledigen oder individuell mit dem Lernen einzusteigen (Tipp 95, 96).

❯ Tipp 95, 96

Gleich mal ausprobieren

Probieren Sie doch einmal „*MoMiMa* und *DiDoDeu* und Freitag frei" aus. Mit dieser einfachen Eselsbrücke wissen Kinder sehr schnell, dass sie montags und mittwochs Mathematik und dienstags und donnerstags Deutsch zu erledigen haben. Eine fachliche Gewichtung auf zwei Hauptfächer ist gewährleistet und kann durch eine freie Wahlmöglichkeit am Freitag abgerundet werden.

76

Jedes Kind sehen und individuell fördern beginnt am besten mit dem morgendlichen Schulstart. Damit wird von Anfang an eine positive Lernatmosphäre hergestellt. Der kurze Moment der Begrüßung per Handschlag stellt die wichtige erste Begegnung mit jedem einzelnen Schüler her. Sie können dabei auch intuitiv wahrnehmen, wie es dem einzelnen Kind geht.

Gleich mal ausprobieren

Im offenen Anfang suchen sich die Kinder zunächst ihre Aufgabe und beginnen mit der Arbeit (Tipp 75). Zum Unterrichtsanfang gehen Sie einmal durch den Klassenraum und begrüßen jedes Kind einmal kurz mit Blickkontakt und Handschlag und Namen.

❱ Tipp 75

77

Kindern Verantwortung übertragen

Lassen Sie sich bei eingeübten Abläufen und Arbeiten von den Kindern unterstützen. Nicht nur nach erledigten Aufgaben können Kindern ihren Mitschülern helfen. Als Kreisleiter übernehmen sie die Aufgabe, Arbeitsabsprachen in freien Arbeitsphasen anzuleiten, während Sie als Gesprächsteilnehmer mit im Kreis sitzen oder die vereinbarten Aufgaben dokumentieren (Tipp 71). Kinder können im Morgenkreis den Tagesplan vorstellen (Tipp 93), den Datumsdienst übernehmen, die Anwesenheit kontrollieren oder die gerechte Nutzung von PCs oder Tablets regeln.

❱ Tipp 71
❱ Tipp 93

In allen Fächern ist eine gegenseitige Unterstützung der Kinder möglich. Jeder Helfer erfährt dabei, ob er selbst den Inhalt bereits beherrscht oder noch einmal „nachbessern" muss. Die Lernintensität und das Anspruchsniveau beim Vermitteln eines Inhalts sind wesentlich höher einzuschätzen als in vielen gängigen Übungsformaten. Experten oder Helfer profitieren folglich entscheidend von ihren Aufgaben und prä-

▶ Tipp 67, 80

gen zudem eine Lernkultur der selbstverständlichen gegenseitigen Unterstützung aktiv mit (Tipp 67, 80).

FÖRDERPLÄNE SCHREIBEN

78

▶ Tipp 25

Förderpläne beschreiben im Wesentlichen den Ist-Zustand und die Entwicklungsziele einzelner Kinder. Alle an der Förderung beteiligten Pädagogen sollten diese Aspekte gemeinsam verfassen und unter Einbeziehung der Eltern an den formulierten Zielen arbeiten (Tipp 25).

▶ Tipp 84, 89

Aus den erreichbaren und kleinschrittigen Entwicklungszielen ergeben sich konkrete Fördermaßnahmen, die das Kind organisatorisch, materiell oder personell unterstützen (Tipp 84, 89). Feste Zeitfenster, in denen die Entwicklungsziele und Fördermaßnahmen geprüft, angepasst oder neu gesetzt werden, sind unerlässlich.

Ein Förderplan soll die Arbeit unterstützen, nicht erschweren

Ein Förderplan soll ein *Arbeitsinstrument für alle* darstellen. Kriterien, die ein Förderplan erfüllen muss, sind Übersichtlichkeit, Flexibilität und Praktikabilität. Ein Förderplan enthält die folgenden Elemente:

- Beschreibung des Ist-Zustandes
- Schwerpunkte der Förderbereiche samt Zielsetzungen
- Rahmenbedingungen der Förderung (personell, materiell, organisatorisch)
- Fördermaßnahmen
- Evaluationsergebnisse und Schlussfolgerungen für die Weiterentwicklung

Gleich mal ausprobieren

Entwickeln Sie einen Förderplan, der auf eine DIN-A4-Seite passt. Mithilfe eines solchen Förderplans können Sie auf der nächsten Förderplankonferenz auf einen Blick die anvisierten Förderziele und den letzten Entwicklungsstand des Kindes aus der vorherigen Förderplansitzung erfassen.

79

Warum lassen Sie die Kinder nicht einmal entscheiden, was gelernt wird? Kinder können sich selbst oft sehr gut einschätzen und suchen sich Arbeitsmittel oder Aufgaben aus, die sie beim Lernen wirklich weiterbringen. Überschätzen sie sich oder zeigen sie eine nur mäßige Anstrengungsbereitschaft, ist das Teil einer Entwicklung, sich, das eigene Leistungsvermögen und den aktuellen Lernstand besser kennenzulernen. In jedem Fall bietet es einen Gesprächsanlass (Tipp 84).

❯ Tipp 84

Kinder haben oft bemerkenswerte Ideen, können anderen Kindern besser erklären als ein Erwachsener, begegnen ihren Mitschülern bei Konflikten auf Augenhöhe und erzielen bei Klärungsgesprächen eine bessere Wirkung als ein Tadel des Lehrers (Tipp 71, 77). Sorgen Sie dafür, dass die Kinder bekommen, was sie für ihre Lernentscheidung brauchen, und unterstützen Sie sie durch passende Aufgaben, Materialien – oder einfach durch weißes Papier.

❯ Tipp 71, 77

Nehmen Sie die Lernvorschläge oder Projektideen der Kinder ernst und wertschätzen Sie Arbeitseinsatz, Leistungen und Produkte. Präsentationen im Plenum sind wichtige Gelegenheiten, um Anerkennung der anderen Kinder zu erfahren und z. B. bei selbst erfundenen Geschichten oder Lernplakaten (Tipp 74) vereinbarte Kriterien gemeinsam zu überprüfen und zu wiederholen (Tipp 68, 80).

❯ Tipp 74
❯ Tipp 68, 80

Gleich mal ausprobieren

Stellen Sie den Kindern leeres Papier zum Lernen zur Verfügung. Mit der einzigen Vorgabe, dass das Papier zum Lernen genutzt werden muss, werden die Kinder selbstbestimmt und ihrem eigenen Niveau entsprechend lernen und üben können. Die entstehenden Kinderprodukte bieten tolle Gesprächsanlässe zum Weiterlernen, für das Beherrschen einzelner Kompetenzen oder auch das effektive Nutzen von Lernzeit.

Kooperativ arbeiten

80

Grundlagen für die kooperativen Lernformen bilden die Sozialformen Einzelarbeit/Stillarbeit sowie Partner- und Gruppenarbeit. Den fachlichen Inhalt zunächst etwas vernachlässigend, wird die Qualität der Sozialformen mit den Kindern reflektiert und geübt.

Gleich mal ausprobieren

In kooperativen Lernformen werden die verschiedenen Sozialformen genutzt und modifiziert. Wählen Sie aus der Vielzahl möglicher kooperativer Lernformen die für die jeweilige Lerngruppe und -situation passende aus.

Beim *think-pair-share* geht es mehr oder weniger um eine Aneinanderreihung der vorab genannten Sozialformen. Die Kinder setzen sich erst alleine in ruhiger Atmosphäre mit einem Thema und einer Fragestellung auseinander, bevor sie sich mit einem Partner und abschließend in einer Gruppe austauschen und ergänzen.

Weitere kooperative Lernformen sind Gruppenpuzzle, *placemat*, Lerntempoduett, reziprokes Lesen, aber auch Mathekonferenzen oder vergleichbare Konferenzen unterschiedlicher fachlicher Ausrichtung. Entscheidend sind der Austausch der Kinder untereinander sowie abschließende Präsentationen.

Inhaltliche Freiheiten schaffen

81

Durch die konsequente Schulung von Methoden und Kompetenzen werden die Kinder in die Lage versetzt, sich Inhalte zunehmend eigenständig zu erarbeiten.

Die Bandbreite der hierbei möglichen Tätigkeiten ist groß. Ein paar Beispiele seien genannt:

- Nutzung der Anlauttabelle,
- Einsatz von Wörter- oder Sachbüchern,
- Informationsrecherche im Internet,

- Skizzieren,
- Bebildern von Plakaten,
- sachgerechtes Nutzen von Messinstrumenten,
- Ausschneiden/Aufkleben,
- Anfertigen von Tabellen,
- Nutzen von Clustern als Ideensammlung und Arbeitsgrundlage (Tipp 73),

❯ Tipp 73

- Sammeln und Verarbeiten von Informationen,
- ...

Die aufgelisteten Beispiele machen die Verschiedenheit der Anforderungen deutlich, die die Kinder hierbei bewältigen. Kinder mit unterschiedlichen Lernvoraussetzungen können folglich auf unterschiedlichen Niveaus teilhaben und ihren individuellen Beitrag, beispielsweise zu einem Lernplakat, leisten (Tipp 63, 67, 77, 99).

❯ Tipp 63, 67, 77, 99

Besonders im Sachunterricht bieten sich inhaltliche Freiheiten für die Kinder an. Es erscheint vermessen, als Lehrer selbst entscheiden zu wollen, was die Kinder aus der ungeheuren Wissensmenge der Menschheit lernen sollen. Diese subjektive Auswahl kann jedes Kind für sich alleine treffen (Tipp 70). Der kompetenzorientierte Lehrplan stützt inhaltliche Freiheiten sowie methoden- und handlungsorientierten Sachunterricht.

❯ Tipp 70

Durch die Schulung von Kompetenzen und Methoden werden die Kinder zu selbstständigen Forschern und können beispielsweise in Form von Lernplakaten Informationen zu jeglichen Themenbereichen sammeln, verarbeiten und präsentieren (Tipp 74). Die grobe Einteilung von Forscherbereichen kann als minimalcurriculare Vereinbarung zum Sachunterricht dabei sicherstellen, dass sich die Kinder während ihrer Grundschulzeit mit unterschiedlichen Themengebieten auseinandersetzen (Tipp 72).

❯ Tipp 74

❯ Tipp 72

Gleich mal ausprobieren

Durch eine Einteilung in Forscherbereiche wie „Der Mensch", „Tiere", „Pflanzen", „Unsere Erde", „Kultur" und „Technik und Experimente" können Sie sicherstellen, dass die Kinder trotz aller inhaltlicher Freiheiten im Sachunterricht mit den wichtigsten Themenbereichen aktiv in Berührung kommen. Alle Kinder erhalten eine eigene Übersicht dieser Forscherbereiche, in die sie ihre Forscherprojekte eintragen müssen. So entsteht für Kinder und Lehrer die Möglichkeit, das inhaltliche Lernen zu strukturieren, zu dokumentieren und zu lenken. Darüber hinaus entsteht ein unglaublich vielfältiger und facettenreicher Sachunterricht, in dem Sie mit den Kindern lernen dürfen und mit eigenen Recherchen und mit

> Tipp 71 Material Schülerprojekte unterstützen (Tipp 71).

Unterrichtsrituale etablieren

82

Ritualisierte Unterrichtssequenzen entlasten den Lehrer und schaffen effektive Lernzeiten. Ein gleicher oder ähnlicher Unterrichtsverlauf mit gleichartigen Arbeitsmaterialien wird zunächst eingeübt und anschließend zu einem „Selbstläufer". Die Arbeit an einer Rechtschreibkiste kann genauso dazu gehören wie der „Satz des Tages" (s. u.). Für alle Beteiligten bietet ein fester Ablauf Sicherheit und fördert selbstständiges Arbeiten. Voraussetzungen sind neben einem festen Platz im Stundenplan geeignete Lernanlässe oder Arbeitsmaterialien, die Kinder auf unterschiedlichem Niveau und in verschiedenen Ausprägungen teilhaben lassen.

Gleich mal ausprobieren

Nutzen Sie beispielsweise folgende Möglichkeiten als ritualisierte Unterrichtssequenzen:

- **Satz des Tages:** Führen Sie einen „Satz des Tages" ein. Schreiben Sie dazu einen Satz an die Tafel, der anschließend gemeinsam untersucht wird. Dabei kann ein bestimmtes Rechtschreibphänomen in den Mittelpunkt gestellt werden, wie z. B. die Groß- und Kleinschreibung oder die Wortgrenzen. Abschließend schreiben die Kinder den Satz von der Tafel ab. Markieren Sie dabei gegebenenfalls gemeinsam besprochene Rechtschreibphänomene, Wortarten usw. Das bewegungsrichtige Schreiben von Buchstaben kann differenzierend dabei genauso integriert werden wie das Nachschreiben einzelner Wörter.

- **Rechtschreibkarteien:** An Rechtschreibkarteien können Kinder selbstständig arbeiten. Zu Beginn wird ein Rechtschreibphänomen hervorgehoben und besprochen. Während der anschließenden eigenständigen Auseinandersetzung der Kinder mit der Kartei können Sie gezielt unterstützen oder prüfen.
- **Strukturen im projektorientierten Sachunterricht:** Im projektorientierten Sachunterricht (Tipp 68) können anfangs Arbeitsgruppen gebildet, Themen festgelegt und Probleme besprochen werden. Eine gleiche Vorgehensweise ergibt sich bei der Erstellung von Lernplakaten (Tipp 74): Arbeitsgruppe und Thema festlegen, Cluster erstellen (Tipp 73), Informationen sammeln und in Form von Texten und Bildern verarbeiten, Plakate gestalten und präsentieren. Dieser ritualisierte Arbeitsablauf schult nicht nur methodische Kompetenzen, sondern schafft auch Struktur und Sicherheit.

❯ Tipp 68

❯ Tipp 74
❯ Tipp 73

OFFENE AUFGABEN EINSETZEN

83

Mithilfe von offenen Aufgabenstellungen können Sie Kinder mit unterschiedlichen Lernvoraussetzungen an einem gemeinsamen Thema teilhaben lassen. Ein durchlässiges Arbeiten ist unabhängig von Klassenstufe, Förderschwerpunkt und Lerntempo durchführbar und sinnvoll (Tipp 70). Die verschiedenen Möglichkeiten zur Teilhabe aller Kinder an handlungsorientierten Forscherprojekten liegen in Form von Bildern, Wörtern, Sätzen oder Texten auf der Hand. Offene Aufgabenstellungen eignen sich zudem hervorragend, um Arbeitsbereitschaft und Lernstand eines Kindes aufzuzeigen.

❯ Tipp 70

Gleich mal ausprobieren

In Mathematik stellen einfache Arbeitsaufträge wie z. B. „Rechne mit deiner Lieblingszahl!", „Schreibe alle Zahlen auf, die du schon schreiben kannst!", „Bilde Rechenketten!" sinnvolle arithmetische Übungen auf unterschiedlichem Niveau dar.

LERNGESPRÄCHE FÜHREN

84

Lerngespräche mit einem einzelnen Kind lassen gemeinsam auf eine Lernentwicklung zurückblicken und neue Ziele formulieren. Führen Sie diese Gespräche bevorzugt ungestört in einem separaten Raum. Das Lernen des einzelnen Kindes steht dadurch wirklich im Mittelpunkt und erhält einen gerechtfertigt hohen Stellenwert. Gleichen Sie in Ihrem Gespräch die Erwartungen des Kindes mit Ihren eigenen und mit denen des Lehrplans ab.

Die Kenntnis der wichtigsten Ziele vorausgesetzt, kann ein Lerngespräch eigentlich mit einem weißen Blatt geführt werden. Die Fragen „Kennst du schon Namenwörter? Schreibe drei Nomen auf!", „Welche Zahlen habe ich auf das Blatt geschrieben? Welche ist die größte und welche ist die kleinste Zahl? Wie viele Zehner hat die größte Zahl?" oder „Wie viel Uhr ist es gerade?" lassen erahnen, wie man relativ frei wichtige Fächer ausloten kann. Als Schule und zwecks guter klassenübergreifender Vergleichbarkeit empfehlen sich Instrumente wie ein Interviewleitfaden oder einheitliche Dokumentationsbögen. Derartige Bögen sollten sich beispielsweise auf das Arbeits- und Sozialverhalten sowie auf Deutsch und Mathematik beschränken, um leistbar und einigermaßen überschaubar zu bleiben.

Gleich mal ausprobieren

Gestalten Sie Ihren Dokumentationsbogen einfach in Form einer Checkliste, wie sie hier beispielhaft abgebildet ist. Außer Ihnen sollten auch das betreffende Kind sowie seine Eltern den Bogen abschließend unterschreiben.

Führen Sie Lerngespräche regelmäßig durch, sind alle Beteiligten stets über den aktuellen Lernstand und die wichtigsten anstehenden Ziele im Bilde (Tipp 89).

❯ Tipp 89

Teil eines Gesprächsprotokolls für die 2. Klasse

Kettelerschule, Bonn 2012/2013

Deutsch

☐ Ich erzähle so, dass andere mir zuhören und mich verstehen.

☐ Ich halte mich an die Gesprächsregeln.

☐ Ich erfinde eigene Geschichten.

☐ Ich erzähle Geschichten nach.

☐ Ich schreibe zu Bildern eine Geschichte.

☐ Ich verstehe, was ich lese.

☐ Ich kann Fragen zu Texten beantworten und den Inhalt nacherzählen.

☐ Ich lese geübte Texte flüssig vor.

☐ Ich unterscheide Nomen, Verben und Adjektive.

☐ Ich kenne das Abc und kann Wörter nach den Anfangsbuchstaben ordnen.

☐ Ich schreibe ohne Fehler ab.

☐ Ich schreibe Nomen und Satzanfänge groß.

☐ Ich verlängere Wörter.

☐ Ich setze Punkte oder Fragezeichen am Satzende.

☐ Ich finde selbstständig Rechtschreibfehler.

☐ Meine Schrift ist ordentlich und gut lesbar.

☐ Ich schreibe in Schreibschrift.

Ergebnisse der letzten Lernzielkontrollen: ☐ ☐ ☐

Sonstige Anmerkungen: _____
_____
_____
_____

_____   _____
Unterschrift Lehrer/in   Unterschrift Schüler/in

85

Der Leistungsstand und die Lernentwicklung eines Kindes kommen am stärksten in den von ihm erzeugten Produkten zum Ausdruck.

Von ersten Schreibversuchen über erste Wörter und erste Sätze bis hin zu unterschiedlichen Textformen, die unter Einhaltung von Kriterien verfasst werden, lassen sich die Kompetenzen und Fortschritte eines Kindes anschaulich und unabhängig von Prüfungssituationen darstellen. Anhand eines freien Textes eines Kindes können beherrschte Kompetenzen und die nächsten Lernziele wunderbar veranschaulicht und konkretere Aussagen gemacht werden als

›Tipp 15, 87 beispielsweise in einem Zeugnistext (Tipp 15, 87).

Werden ausreichend motivierende Lernanlässe für die Kinder geschaffen, erhalten die Anwendung und Verbesserung von sprachlichen Kompetenzen in einem besonderen Maße einen Sinn und Zweck. Ein Sammeln von Kinderprodukten und die sich bietenden Dokumentations- und Veranschaulichungsmöglichkeiten einer Lernentwicklung lassen punktuelle Prüfungen in Form von Tests oder Lernzielkontrollen

›Tipp 88 zweifelhaft bis überflüssig erscheinen (Tipp 88).

Gleich mal ausprobieren

Legen Sie für jedes Kind einen Lernordner an, in dem in regelmäßigen Abständen Kinderprodukte abgeheftet wer-

›Tipp 89 den (Tipp 89). Für Lehrer, Eltern und Kinder werden auf diese Weise Lernfortschritte und dazugehörige Zeitfenster greifbar.

86

›Tipp 84 Überforderungstest eignen sich zur jahrgangsunabhängigen Auslotung von Lernständen (Tipp 84). Derartige Tests bestehen aus knappen Aufgabenfolgen, die einen schnell ansteigenden Schwierigkeitsgrad aufweisen. Kinder können ihre Leistungsfähigkeit und ihren Lernentwicklungsstand über konventionelle Klassengrenzen und inhaltliche Beschränkungen hinaus beweisen bzw. andeuten. Überforderungstest prüfen Kompetenzen, die die gesamte Grundschulzeit umfassen können.

Besonders griffig und leicht erstellbar sind Überforderungstests in Arithmetik. Die „vorgeschlagenen" Zahlenräume für Schuljahre und Rechenoperationen lassen sich einfach mit ansteigendem Schwierigkeitsgrad in eine überschaubare Sammlung von Rechenaufgaben umsetzen. Kinder können mehr, als die Beschränkungen auf die Zahlenräume bis zwanzig, hundert, tausend oder eine Million in gängigen Lehrgängen von Arbeitsheften nahelegen. Mit einem Überforderungstest in Arithmetik können Sie es herausfinden. In welchem Zahlenraum kann sich ein Kind sicher orientieren? Ein diesbezüglicher Überforderungstest prüft Vorgänger und Nachfolger im Zahlenraum bis zwanzig, bis hundert, bis tausend und darüber hinaus. Können Zahlenfolgen ergänzt werden? Können Aufgaben am Zahlenstrahl bewältigt werden? ... Kann ein Kind Verben in einer Wortmenge, in Sätzen oder Texten bestimmen? Ist es in der Lage, Verben in verschiedenen Zeiten zu beugen? Kann es Sätze in vorgegebene Zeiten übertragen? Beherrscht ein Kind Nominalisierungen von Verben?

Überforderungstests sind offensichtlich in unterschiedlichen Fächern möglich (Tipp 88).

❯ Tipp 88

GEMEINSAME KRITERIEN FESTLEGEN

87

Gemeinsam mit den Kindern vereinbarte Kriterien schaffen von Anfang an Transparenz bei der Leistungsbewertung, geben Richtlinien für die Arbeit und ermöglichen sogar eine Teilhabe bei der abschließenden Bewertung und Benotung. Vor der Gestaltung z. B. eines Englischprojektes können Sie nach der Themen- und Gruppenaufteilung verschiedene Kri-

▶ Tipp 80 terien mit den Kindern beschließen (Tipp 80). Die Text-
menge, Sprachrichtigkeit, Rechtschreibung, Gestaltung,
aber auch das Teamwork können beispielhaft genannt und
als entscheidende Kriterien bei der Bewertung festgelegt
werden.

▶ Tipp 74 Werden regelmäßig Lernplakate (Tipp 74) in der Klasse vorgestellt, wiederholen sich die Kriterien bei jeder Präsentation. Sie haben gewissermaßen stillschweigend Bestand und
werden nicht explizit in einem Unterrichtsgespräch erarbeitet und benannt, sondern lediglich als Hinweis und Input
dort gegeben, wo es während der Erstellung eines Plakates
oder während einer Feedbackrunde nach einer Präsentation
▶ Tipp 82 sinnvoll erscheint (Tipp 82).
Gemeinsame Kriterien können Sie in allen Fächern mit den
Kindern sammeln. Erscheint die Anzahl zu groß, sollte eine
gemeinsame Auswahl und Beschränkung stattfinden.

DIAGNOSTIK INTEGRIEREN

88

Ein Sprachstandstest, die Hamburger Schreibprobe („HSP";
May 2012), der Stolperwörtertest (Metze 2002), ELFE (Len-
hard/Schneider 2006), Intelligenztests und viele weitere
standardisierte diagnostische Verfahren bieten Eltern und
Lehrern einen verlässlichen und offiziellen Rahmen für die
Feststellung des Leistungsstandes eines Kindes. Existiert
das gewählte Verfahren für unterschiedliche Jahrgangsstu-
fen oder Altersklassen, kann nicht nur ein Leistungs- oder
Entwicklungsstand, sondern darüber hinaus auch eine Ent-
wicklung über Jahre dokumentiert werden.
Diagnostische Verfahren bilden eine sinnvolle Ergänzung zu
▶ Tipp 85 Kinderprodukten (Tipp 85) und schulinternen Lernzielkon-
▶ Tipp 87 trollen (Tipp 87).

Gleich mal ausprobieren

Beschließen Sie für jedes Quartal eines Schuljahres die
Durchführung eines diagnostischen Verfahrens für die gesamte Schule, beispielsweise:

1. Quartal: Sprachstandstest
2. Quartal: Mathediagnostik
3. Quartal: Hamburger Schreibprobe
4. Quartal: Lesetest

Das bietet viele Vorteile:
- Die Bereitstellung der Materialien kann klassenübergreifend organisiert werden (Tipp 9).

❯ Tipp 9

- Sie können sich über Fragen, die sich bei der Durchführung und Auswertung ergeben, mit Ihren Kollegen austauschen. Das gesamte Kollegium erweitert so seine diagnostischen Kompetenzen.
- Der Lern- und Entwicklungsstand eines jeden Kindes wird über die gesamte Grundschulzeit dokumentiert (Tipp 89).

❯ Tipp 89

LERNORDNER ANLEGEN

89

Beim gemeinsamen Lernen orientieren Sie sich als Pädagoge an unterschiedlichen Lernausgangslagen und Lernbedürfnissen der Kinder. Sie sind gefordert, jedes Kind individuell in seinem Lernen zu begleiten und das eigenverantwortliche Mitgestalten des Kindes an Lernprozessen und -zielen zu fördern. Ein gutes, handhabbares Instrument dafür stellt der Lernordner dar: Übersichtlich sortiert und für Kinder und Eltern zugänglich, werden in einem Ordner wichtige Dokumente und Arbeiten des Kindes gesammelt (Tipp 85).

❯ Tipp 85

Hierdurch wird seine Leistungsentwicklung dokumentiert und es findet gleichzeitig eine Würdigung der erbrachten Leistungen statt. Ebenfalls im Lernordner enthaltene Hilfen zur Selbsteinschätzung (z. B. Checklisten) ermöglichen ein gemeinsames Nachdenken über Lernergebnisse. Darauf aufbauend können neue Lernziele vereinbart werden (Tipp 84).

❯ Tipp 84

Gleich mal ausprobieren

Jedes Kind bekommt zur Einschulung seinen „Lernordner" für die gesamte Grundschulzeit.

Beispiel für das Register des Lernordners

Register	Mögliche Dokumente/Arbeiten
A. Das bin ich	Selbstdarstellung, Steckbrief, Fotos, Bild
B. Lernwegweiser	Lernlandkarten, Lerntagebuch, Portfolioarbeiten, Kompetenzbögen[3]
C. Lernzielkontrollen	Klassenarbeiten, Tests
D. Lernstandsdiagnosen	Ergebnisse von Sprachstandstests, der HSP, von Lesetests wie ELFE und Mathediagnosebögen
E. Lernziele	Arbeits- oder Wochenpläne, Protokolle der Lerngespräche/Checklisten, Zielvereinbarungen[4]
F. Gesprächsprotokolle	Protokolle von Elterngesprächen, Selbsteinschätzungsbögen
G. Schatztruhe	Urkunden, Pässe, Lieblingsarbeiten, gelungene Texte und Geschichten, Projektdokumentationen, Fotos
H. Verhalten	Verhaltenspläne, Aktennotizen zu besonderen Vorfällen, Briefe an die Eltern[5]

---

3 Einen reichhaltigen Schatz an Vorlagen stellt dazu z. B. das Landesinstitut für Schule und Medien Berlin-Brandenburg zur Verfügung.
4 Orientiert am Kind-ELDiB, Entwicklungstherapeutischer/ entwicklungspädagogischer Lernziel-Diagnose-Bogen, Marita Bergsson und die Jakob-Muth-Schule Essen 2004.
5 Schriftliche Nachrichten an die Eltern über besondere Vorkommnisse, deren Kenntnisnahme durch eine Unterschrift sichergestellt wird und die zurück an die Schule kommen.

DIE COMPUTERNUTZUNG ORGANISIEREN

Die folgenden beiden Anregungen werden dazu führen, dass Ihre Schüler selbstständig an den (bestimmt wenigen) Computern im Klassenraum arbeiten können und Sie trotzdem den Überblick darüber behalten, wer was macht.

Erstens führen Sie ein Computerheft ein. Hier trägt das Kind, gegebenenfalls mit Ihrer Unterstützung, in eine tabellarische Übersicht ein, mit welchem Programm und welchen Aufgaben es sich beschäftigt. Zweitens hängen Sie für alle sichtbar einen Computerplan im Klassenraum aus, der für die gesamte Woche regelt, zu welcher Zeit welches Kind am Computer arbeiten darf (Tipp 95).

Computerheft
und Computerplan

❯ Tipp 95

RAUM ALS „DRITTEN PÄDAGOGEN" VERSTEHEN

91

Der Lernort Schule hat sich mit seiner veränderten Lernkultur zu einem „Lebensraum" für alle dort Lernenden und Lehrenden entwickelt. Damit an diesem Ort auch wirklich gut gelebt und gelernt werden kann, braucht die Schule eine Atmosphäre, in der sich *alle* wohlfühlen (Tipp 65). Insbesondere die Kinder haben das Bedürfnis nach Geborgenheit und Sicherheit. Sie brauchen ein schulisches Zuhause, auf das sie stolz sind und in dem sie ihre Beziehungen pflegen und ausbauen können. Dazu gehört aber auch, dass sie Möglichkeiten geboten bekommen, um sich zurückzuziehen (Tipp 9).

❯ Tipp 65

❯ Tipp 9

Gleich mal ausprobieren

Gehen Sie mit offenen Augen durch Ihre Schule. Suchen Sie nach Möglichkeiten, Räume, Ecken, Treppenhausbereiche, Flure oder Abstellkammern zu verwandeln und ein „Lern-Zuhause" zu schaffen. In Gesprächen mit Ihren Kollegen kommen Sie bestimmt auf gute Ideen! Die Kinder sollten in die Schulhausgestaltung einbezogen werden (Tipp 34, 35). Die Schulleiterin Tanja Jovanovic beschreibt diesen Prozess, den Raum als „dritten Pädagogen" miteinzubeziehen, tref-

❯ Tipp 34, 35

fend so: „Die Veränderung des Systems Schule von einem Aufbewahrungsort ‚mit fremdbestimmten Verhaltensanweisungen und ohne Möglichkeiten vielfältigen und selbstständigen Tuns' (vgl. H. Halbfas 1991) zu einem der ‚Treibhäuser der Zukunft' (vgl. R. Kahl 2004) ist eine anstrengende, aber wundervolle Aufgabe, die alle Beteiligten mit Zufriedenheit erfüllt." (Jovanovic 2016)

FRÜHSTÜCK ANBIETEN

92

Soll man die Versäumnisse der Eltern immer kompensieren und sich als Schule auch noch für das Frühstück der Kinder engagieren? Diese Frage, die in vielen Schulen diskutiert wird, haben natürlich auch wir uns gestellt – und eindeutig mit „Ja!" beantwortet. Denn letztendlich sind es sonst die Kinder, die unter den Versäumnissen der Eltern zu leiden haben. Wir haben die Erfahrung gemacht, dass sich für Kinder, die ohne Frühstück am Morgen in die Schule kommen, ein Schulfrühstücksangebot wirklich auszahlt. Es verbessert ihr generelles Wohlbefinden und ihre Lernbereitschaft für den Tag. Der Aufwand und die Ausgaben für ein Schülerfrühstück am Morgen sind gering. Für solch eine gute Idee findet sich vielleicht ein Sponsor, der auch die Finanzierung einer

❯ Tipp 40

verantwortlichen Person für Einkauf, Zubereitung und Abwasch übernimmt (Tipp 40).

Gleich mal ausprobieren

❯ Tipp 75

Und so kann das Ganze dann ablaufen: Jede Klasse erhält mehrere Schülerfrühstückskarten, die der Klassenlehrer zu Beginn des offenen Anfangs (Tipp 75) an die Kinder ausgibt, die hungrig in die Schule kommen. Die Kinder können vor Unterrichtsbeginn ein kleines Frühstück zu sich nehmen.

93

Kinder fühlen sich sicher, wenn sie wissen, was an ihrem Schultag geplant ist und worauf sie sich einstellen müssen. Ein Tagesplan, der den Ablauf mit Unterricht, Pausen, Mittagessen, Therapien, Förderung usw. darstellt, schafft die nötige Transparenz. Aber nicht nur die Kinder, sondern auch Fachlehrer, Erzieher und Schulassistenz wissen Bescheid (Tipp 9, 29).

Transparenz für alle

❯ Tipp 9, 29

Beispiel für einen Tagesplan

Kettelerschule, Bonn 2016

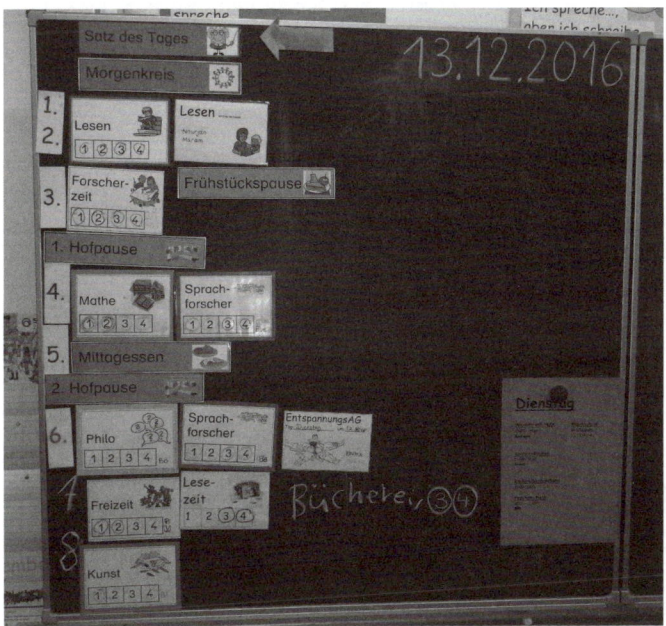

Gleich mal ausprobieren

Überlassen Sie das tägliche Aufstellen des Tagesplanes den Kindern! Fertigen Sie dazu für die einzelnen Phasen des Tages laminierte Schildchen mit Magnetstreifen auf der Rückseite an. Alle Schildchen sind mit Symbolen oder Bildern für die Nichtleser gekennzeichnet. Stellen Sie außerdem zu Beginn jeder Woche die Wochenplanung auf einem DIN-A4-Blatt bereit. Nun brauchen die Kinder nur noch die Schildchen entsprechend an der Tafel anzubringen.

In jahrgangsgemischten Klassen schreiben Sie auf die Schildchen der Fächer, die zeitweise jahrgangshomogen unterrichtet werden, die Stufen 1 bis 4 mit auf und umkreisen jeweils die entsprechende Stufe mit Folienstift.

VERSTÄRKER FÜR ALLE EINSETZEN

94

Gutes Verhalten – wie Trost spenden, einen Streit selbstständig klären, mal verzichten oder helfen, Lernerfolge, Mut, Fleiß, ein Schuldeingeständnis zugeben ... Sie können selbst am besten einschätzen, welche großartige Leistung ein Kind Ihrer Klasse in einer bestimmten Situation gerade vollbracht hat. Würdigen Sie sowohl vorbildliches Verhalten als auch die Leistungsbereitschaft Ihrer Schüler. Das setzt den Ton in Ihrer Klasse. Sie machen deutlich, was Ihnen und in Ihrer Schule wichtig ist. Kinder schätzen Anerkennung, Lob beflügelt. Jedes Kind in Ihrer Klasse strengt sich in der einen oder anderen Weise an; es möchte gesehen werden und Wertschätzung erfahren.

Jedes Kind möchte mal glänzen

Gleich mal ausprobieren

Neben sozialen Verstärkern wie Lob oder ein Lächeln helfen auch materielle Verstärker wie z. B. ein Tokensystem. Die Kinder werden hierbei mit Kärtchen für positives Verhalten und gute Leistungen belohnt. Manchmal macht es Sinn, einem Kind ein Kärtchen vor der gesamten Klasse zu überreichen, manchmal ist es aber auch angebrachter, es im Anschluss an den Unterricht oder während eines Einzelgesprächs auszugeben. Für eine vereinbarte Anzahl von Kärtchen darf sich das Kind dann aus der Überraschungskiste etwas Schönes aussuchen.

Motivierend ist es, vor einer Arbeit eine Zielvereinbarung zu treffen, beispielsweise: „Für die Fertigstellung der Rechtschreibkartei erhältst du zwei Kärtchen."

Aus der Forschung wissen wir, dass sich nichts so positiv auf die Lern- und Leistungsbereitschaft auswirkt wie eine effektive Klassenführung. Dazu gehören u. a. eindeutige Regeln (Tipp 97) und klare Abläufe, sogenannte „Prozeduren" (vgl. Evertson/Emmer 2006). Diese fördern Verhaltenssicherheit und einen reibungslosen Unterrichtsablauf. Prozeduren geben Struktur und vermitteln den Kindern Sicherheit und Verlässlichkeit – „Ich weiß, was passiert".

❯ Tipp 97

Mit Prozeduren sind Abläufe für bestimmte Situationen im Schulalltag gemeint: für den offenen Anfang und die Begrüßung (Tipp 75, 76), für lehrerzentrierte Lernformen, für Einzelarbeit, für Gruppenarbeit, für Raumwechsel usw.

❯ Tipp 75, 76

Gleich mal ausprobieren

Verständigen Sie sich im Team verbindlich über Regeln und Abläufe, unter dem Motto „Schule statt Klasse" (Tipp 7, 9). Die Kinder sollen überall in der Schule wissen, was erwartet wird. Dazu gehören dann auch Fragen wie:

❯ Tipp 7, 9

- Darf ich im Unterricht trinken/essen?
- Wie wechseln wir den Raum?
- Welche Gesprächsregeln gibt es?
- …

Achtung!

Vereinbarungen sind weder Gängelei noch Mehrheitsentscheide, die durchgedrückt werden sollen. Bei Vereinbarungen geht es um einen roten Faden, der zur Orientierung dient. Die Schule braucht dazu einen Konsens.

Mit Ritualen schaffen Sie im Unterricht und im Schulalltag einen Rahmen. Es handelt sich um Handlungsabläufe, die wiederholt durchgeführt und erlebt werden, um vor allem das Zusammengehörigkeitsgefühl der Gruppe oder Klasse zu stärken.

Gleich mal ausprobieren

■ Nehmen Sie sich die Zeit, täglich einen Morgenkreis mit Begrüßung, Singen und Vorstellen des Tagesablaufs durchzuführen.

■ Verabreden Sie ein Stillezeichen.

■ Führen Sie ein Klassentier ein, das zusammen mit einem Tagebuch abwechselnd zu einem Kind nach Hause wandert.

■ Schaffen Sie einen Auszeit-Platz, wo sich ein Kind still beschäftigen oder ausruhen kann.

■ Legen Sie ein Klassenratsbuch an, in das die Kinder schreiben können, was sie belastet, was sie erfreut hat oder wozu sie eine Frage haben. Die Einträge werden mit Namen unterschrieben und im Klassenrat vorgelesen (Tipp 35).

❯ Tipp 35

■ Gestalten Sie einen Wochenausklang, der Raum für Würdigung und Feedback bietet.

REGELN KLAR FORMULIEREN

97

❯ Tipp 95, 96

❯ Tipp 7

Zentral für eine effiziente Klassenführung sind neben Ritualen und Prozeduren (Tipp 95, 96) klare Regeln im Umgang miteinander im Klassenraum und in der Schule. Regeln sollen den Schülern eine eindeutige Orientierung dazu geben, was in der Schule erwartet wird und was verboten ist (Tipp 7). Sie sind verbindlich, d. h. alle achten auf deren Einhaltung und ein Verstoß muss Konsequenzen nach sich ziehen. Bei der Erarbeitung, Festlegung und Umsetzung der Regeln sollte Folgendes Berücksichtigung finden:

■ Weniger ist mehr: Der Fokus muss auf den wichtigen Regeln legen.

■ Regeln müssen kurz und eindeutig formuliert sein.

■ Regeln sollen so positiv wie möglich ausgedrückt sein.

■ Symbole helfen, Regeln gut auf den Punkt zu bringen.

- Die Konsequenzen bei Regelverstößen sind allen bekannt und werden von den Pädagogen akzeptiert und umgesetzt.
- Bei „schwierigen" Kindern ist es wichtig, Mut zu einem klaren „Nein" zu haben!

Pädagogische
Geschlossenheit

GRENZEN SETZEN

98

Konsequent im pädagogischen Handeln

Unterbinden Sie unangemessenes Schülerverhalten sofort und konsequent! Frühe Reaktionen auf Regelverstöße sind wirksamer als späte. Legen Sie eindeutige Konsequenzen für Handlungen fest. – Zugegeben, das ist einfacher gesagt als getan. An dieser Stelle soll deshalb die Thematik „Grenzen setzen" zusammen mit dem Aspekt „An Grenzen kommen" thematisiert werden. Es sind zwei Seiten einer Medaille, die zum pädagogischen Alltag gehören (Tipp 26, 37).

> Tipp 26, 37

Pädagogen, die Kinder des sonderpädagogischen Förderschwerpunktes emotionale und soziale Entwicklung, Lernen oder geistige Entwicklung erziehen und unterrichten, stehen tagtäglich vielfachen pädagogischen Herausforderungen gegenüber. Das ist sehr belastend und lässt sich nur in einem gesamtschulischen Rahmen leisten, der von Unterstützung, Akzeptanz und verlässlichen Vereinbarungen geprägt ist (Tipp 7, 8). Pädagogische Grenzsituationen müssen offen thematisiert werden können. Dadurch wird nicht nur die pädagogische Arbeit verbessert, sondern es gibt auch dem gesamten Kollegium mehr Sicherheit in schwierigen Situationen.

> Tipp 7, 8

CHANCEN DER SEP NUTZEN

99

Je nach Vorkenntnissen, Begabung und Entwicklungsstand können Kinder aufgrund der flexiblen Schuleingangsphase (SEP) die Schule in drei bis fünf Jahren durchlaufen (Tipp 63). Die SEP ermöglicht die Einschulung ohne Zurückstellung, Wiederholung oder Aussonderung. Nutzen Sie die Chan-

> Tipp 63

cen dieses Konzeptes, das insbesondere dann zum Tragen kommt, wenn jahrgangsübergreifende Klassen gebildet werden (Tipp 67) und die Kinder in ihren Bezugsgruppen bleiben können. Der Teufelskreis von schlechter Schulleistung, sozialer Ablehnung und Verhaltensproblemen kann so durchbrochen werden. Leistungsstarke Kinder müssen sich nicht langweilen und können einfach weiterlernen. Jedes Kind kann in die Rolle des Helfers eingebunden werden, weil neue, jüngere Kinder in die Klasse kommen (Tipp 77).

❯ Tipp 67

❯ Tipp 77

Nicht zu unterschätzen ist auch das soziale Lernen: Die „Kleinen" lernen von den „Großen", und diese lernen Rücksichtnahme in vielfältiger Weise. Die älteren Kinder profitieren auch deshalb von solchen Lernarrangements, weil sie den Lernstoff nochmals durchdringen. Dieses heterogene Miteinander nützt also allen Kindern!

Gleich mal ausprobieren

Im Hinblick auf den Sachunterricht können Sie die Erstklässler zu deren Themenwünschen befragen: „Wozu möchtet ihr gerne einmal forschen?" Anschließend dürfen sich die älteren Kinder den Themen zuordnen (Tipp 79).

❯ Tipp 79

STATT EINES SCHLUSSWORTES

Wenn du eine Stunde glücklich sein willst – schlafe.
Wenn du einen Tag glücklich sein willst – geh fischen.
Wenn du eine Woche glücklich sein willst – schlachte ein Schwein.
Wenn du einen Monat glücklich sein willst – heirate.
Wenn du ein Jahr glücklich sein willst – erbe ein Vermögen.
Wenn du dein Leben lang glücklich sein willst – liebe deine tägliche Arbeit.

Chinesisches Sprichwort

(Die Verweise beziehen sich auf die jeweiligen Tipp-Nummern.)

Bartnitzky, Horst/Hecker, Ulrich (Hrsg.) (2010): Allen Kindern gerecht werden: Aufgabe und Wege. Frankfurt: Grundschul-verband.

Barth, Günther/Silkenbeumer, Marlies (2016): Gemeinsames Lernen in der Sekundarstufe – Perspektiven für qualitative Teilhabe von Schülerinnen und Schülern mit Lern- und Entwicklungsstörungen. Verband Sonderpädagogik e.V., Sonderpädagogischer Kongress Weimar 2016.

Bergsson, Marita/Jakob-Muth-Schule Essen (2004): ELDiB – Entwicklungstherapeutischer/entwicklungspädagogischer Lernziel-Diagnose-Bogen.

Booth, Tony/Ainscow, Mel/Boban, Ines/Hinz, Andreas (2003) (Hrsg.): Index für Inklusion. www.csie.org.uk/resources/translations/IndexGerman.pdf (letzter Zugriff 01.11.2016)

Brügelmann, Hans (1997): Die Öffnung des Unterrichts muss radikaler gedacht, aber auch klarer strukturiert werden. In: Balhorn, H./Niemann, H. (Hrsg.): Sprachen werden Schrift. Mündigkeit – Schriftlichkeit – Mehrsprachigkeit. DGLS Jahrbuch „Lesen und Schreiben", Bd. 7, S. 43 – 60. Ch-Lengwil: Libelle.

Brüning, Ludger/Saum, Tobias (2010): Ideensammlung zur Verbesserung des Klassenklimas. Aus: Eine positive Lern-atmosphäre schaffen. IQES online, Ludger Brüning, Tobias Saum, Kooperatives Lernen und schüleraktivierender Unter-richt. CH-Winterthur.

Bundesvereinigung Kulturelle Kinder- und Jugendbildung e.V. (BKJ) (Hrsg.) (2012): Kultur macht Schule. Ohne Moos nix los?! Finanzierungshinweise und -ideen für „Kultur macht Schule". Remscheid. https://www.kultur-macht-schule.de (letzter Zugriff 01.11.2016)

Carle, Ursula (2013): Teamarbeit: Was Lehrerinnen und Lehrer in inklusiven Schulen können! Aus der Auftaktveranstaltung am 24. Mai 2013 „Inklusive Schule in der Gemeinde Uetze". http://www.grundschulpaedagogik. uni-bremen.de/inklusion/Carle20130524Teamarbeit_ inklusive_Schulen(Uetze).pdf (letzter Zugriff 01.11.2016)

DAK-Gesundheit (2013): Gesundheitsreport 2013. Heidelberg: mehrhochzwei-Verlag.

Deutsches Institut für Internationale Pädagogische Forschung (DIPF), Frankfurt. http://www.bildungsserver.de/Mediation-Streitschlichtung-2208.html (letzter Zugriff 01.11.2016)

Erbring, Saskia (2014): Inklusion ressourcenorientiert umsetzen. Heidelberg: Carl Auer Verlag.

Evertson, Carolyn M./Emmer, Edmund T. (2006): Classroom Management for Elementary Teachers. Upper Saddle River, NJ: Pearson.

Ewers, Stefan (2014): Inklusion – Auf die Haltung kommt es an! In: dvb-forum, 1/2014, S. 35 – 37.

Fundraising Akademie gGmbH: Unterstützer finden. http://www.fundraising-evangelisch.info/praxistipps/ unterstuetzer-finden (letzter Zugriff 01.11.2016)

Halbfas, Hubertus (1991): Lernen als räumliche Erfahrung. In: Halbfas, H.: Religionsunterricht in der Grundschule. Lehrerhandbuch 1. Düsseldorf: Patmos.

Jovanovic, Tanja (2016): Der Raum als dritter Pädagoge. http://www.schule-bw.de/entwicklung/schulentw/ schulentwicklung_bw/praxisbeispiele/qb1/kirchberg (letzter Zugriff: 01.11.2016)

Kahl, Reinhard (2004): Treibhäuser der Zukunft. Wie in Deutschland Schulen gelingen. Weinheim: Beltz.

Landesinstitut für Schulentwicklung (2013): Informationsblatt zum Kritischen Freund. http://www.schule-bw.de/ entwicklung/qualieval/evabs/fevbs/Vorbereitung/vorfeld/ FEV_BS_Kritischer-Freund-Infoblatt_2013-04.pdf (letzter Zugriff: 01.11.2016)

Lenhard, Wolfgang/Schneider, Wolfgang (2006): ELFE – Ein Leseverständnistest für Erst- bis Sechstklässer. Göttingen: Hogrefe.

Masuhr, Volker (2013): Goodie Deutschlandfunk Interview V. Masuhr, Schulleiter der Waldschule Flensburg zur „Ressourcen-Falle". Deutschlandfunk, 17.7.2013

May, Peter (2012): Hamburger Schreibprobe Teil: 1/10. / Manual/Handbuch, Diagnose orthografischer Kompetenz. Unter Mitarb. von Ulrich Vieluf und Volkmar Malitzky. Stuttgart: vpm.

Metze, Wilfried (2002): Stolperwörter-Lesetest. Kostenlos verfügbar unter: http://wilfriedmetze.de/html/stolper.html

Ministerium für Schule und Weiterbildung NRW (Hrsg.) (2010): Schulsponsoring heute, Leitfaden. Beilage Schule NRW 12/10.

Montag Stiftung Jugend und Gesellschaft, Bonn (Hrsg.) (2015): Inklusion auf dem Weg. Das Trainingshandbuch zur Prozessbegleitung. Freiburg: Lambertus-Verlag.

Peschel, Falko (2012 a): Offener Unterricht: Idee – Realität – Perspektive und ein praxiserprobtes Konzept zur Diskussion. Teil I: Allgemeindidaktische Überlegungen. Basiswissen Grundschule, Band 9. 7., unveränd. Neuaufl. Baltmannsweiler: Schneider Hohengehren.

Peschel, Falko (2012 b): Offener Unterricht: Idee – Realität – Perspektive und ein praxiserprobtes Konzept zur Diskussion. Teil II: Fachdidaktische Überlegungen. Basiswissen Grundschule, Band 10. 7., unveränd. Neuaufl. Baltmannsweiler: Schneider Hohengehren.

Ratzki, Anne (2015): Schulleitung als Team. In: SchulVerwaltung NRW 10/15.

Schwager, Michael (2011): Gemeinsames Unterrichten im Gemeinsamen Unterricht. Zeitschrift für Heilpädagogik 62 (2011) 3, S. 92 – 98.

Sieland, Bernhard/Pfeiffer, Silvia (2008): Bedarfsorientierte Förderung der Gesundheit von Lehrerinnen und Lehrern, erstellt am 30. 06. 2008 unter: IQES online Argumente und Praxishinweise für gute und gesunde Schulen.

Spangler, Gerhard (2012): Kollegiale Beratung. Heilsbronner Modell zur kollegialen Beratung. 2. Aufl. Nürnberg: Mabase Verlag.

Werning, Rolf (2010): Inklusion – Herausforderungen, Widersprüche und Perspektiven. In: Lernchancen 78, S. 4 – 9.